STARK

INTERPRETATIONSHILFE ENGLISCH

Bernard Shaw

Pygmalion

Interpretiert von

Ernst H. Andrecht

STARK

Bildnachweis
Umschlag: Cinetext Bildarchiv
S. 5: © ullstein bild
S. 14: courtesy of Lee Jackson www.victorianlondon.org
S. 18: Cinetext Bildarchiv
S. 31: Photo RMN, M. Beck-Coppola
S. 59: Cinetext Bildarchiv
S. 76: Cinetext/RR

ISBN: 3-89449-659-2

D-85318 Freising · Postfach 1852 · Tel. (0 81 61) 1790

Inhalt

Autor: Dr. Ernst H. Andrecht

Hinweise

Seiten- und Zeilenangaben (in Klammern) beziehen sich auf die **Lektüreausgabe des Stark Verlags** (Titel-Nr. 250007). Sie enthält einen ausführlichen deutsch-englischen Anmerkungsapparat. Die mit *** gekennzeichneten Stellen sind nachträgliche Hinzufügungen Shaws aus dem von ihm geschriebenen Filmszenario aus dem Jahre 1938.

Um Ihnen die Lektüre zu erleichtern, sei auf einige **sprachliche Eigentümlichkeiten des Shawschen Englisch** hingewiesen. Shaw verwendet

- Kurzformen ohne Akzentzeichen:
  don't → dont   ain't → aint
  haven't → havnt   mustn't → mustnt
  they're → theyre   we've → weve
  you'd → youd
- archaische Orthografie:
  show → shew
- amerikanische Rechtschreibung:
  colour → color

Die Sprache des Cockneydialekts (Eliza und Alfred Doolittle) enthält eine Reihe von ‚nicht korrekten' Abweichungen von der Standardsprache, die Sie in der Schule lernen. Näheres dazu im Abschnitt ‚Dialekt und Akzent als Gestaltungselemente der Komödie', vgl. S. 55 f.

Einführung

By all means throw the extremes of learning open to everyone so that no talent or capacity shall be thrown away for lack of training or opportunity. Statesmen must know the importance of this, and see to it that whoever wills and can shall have ways open for them to the utmost instruction.

(Bernard Shaw: Everybody's Political What's What. *Constable, London 1944, S. 165)*

Pygmalion ist für viele die beliebteste Komödie Shaws, ob als Theaterstück auf der Bühne, als Film oder als das weltberühmte und ebenfalls verfilmte Musical *My Fair Lady*. Shaws Anliegen erschloss sich somit auch Menschen, die, genau wie Eliza Doolittle, keine höhere Bildung genossen hatten. Soziale Auf- und Abstiege, verdiente und nicht verdiente Privilegien, Kastenbewusstsein, Snobismus und gesellschaftliche Unterschiede gibt es auch heute noch. Um das Jahr 1900 herum waren diese Unterschiede in England jedoch ausgeprägter als heute.

Großbritannien hatte **im Zuge der industriellen Revolution** des 18. und 19. Jahrhunderts eine ungeheure wirtschaftliche und politische Machtfülle erlangt. Unter Queen Victoria (1837–1901) herrschte es über große Teile Amerikas, Afrikas und Asiens und war das reichste Land der Welt. Aber der **Reichtum** war **ungleich verteilt**. Noch in der Zeit Edwards VII. (1901–1910) war er in der Hand weniger Besitzender. Die Mehrheit der arbeitenden Bevölkerung in London und den großen Ballungsräumen lebte in Armut. Arme, Kranke, Arbeitslose und Alte waren auf private Wohltätigkeit *(Charities)* wie z. B. die *Salvation Army* angewiesen. Natürlich erhob sich die Frage, ob ein reiches Land mit einer prosperierenden Ober- und Mittelschicht sich mit sozialen

Ein Londoner Slum im 19. Jahrhundert.

Ungleichheiten und der Armut in den großen Städten abfinden sollte. Shaw kannte die Probleme der *lower classes* aus seiner frühen Zeit als Redner und politischer Aktivist in London genau. Er wusste, dass Sprache, Bildung und Ausbildung neben der angemessenen Entlohnung und Absicherung der unteren Schichten zu den wesentlichen Merkmalen einer modernen Gesellschaft gehören.

Kann es einem unterprivilegierten Londoner Blumenmädchen, das einen Londoner Slumdialekt spricht, gelingen, sozial aufzusteigen? Kann sie zu einer gebildeten Lady werden? Auf diese Fragen wollte Shaw in seiner Komödie Antworten geben.

Die **Förderung bildungsferner Schichten** aus dem Arbeitermilieu ist auch heute eine zentrale Aufgabe der Bildungspolitik geblieben. Bildung und Ausbildung auf hohem Niveau sind die Voraussetzungen für eine zukunftsfähige Gesellschaft. Wer seine Gedanken und Anliegen nicht richtig oder nicht angemessen versprachlichen kann, hat es nicht leicht im Leben. Dabei ist es von Bedeutung, dass die **Standardsprache** eines Landes ein hohes Prestige hat, da sie von den Gebildeten, der Elite oder der Mehrheit der Bevölkerung gesprochen (und geschrieben) wird. Der **Dialekt**, der von der Hochsprache abweicht, hat auch heute noch oft einen negativen Beigeschmack, besonders dann, wenn er sich als **Soziolekt** im Sinne des Akzents und der Sprechweise von unterprivilegierten Schichten darstellt. Shaw jedenfalls war der Ansicht, eine phonetische Ausbildung insbesondere der Unterschichten könne dazu beitragen, die Kluft zwischen den Klassen zu verringern. Wer weiß, welche großen Unterschiede zwischen Schreibung und Lautung es allein im Standardenglisch gibt, kann die Schwierigkeiten eines soziolektalen Sprechers in London, Liverpool oder Glasgow verstehen, der durch seine inakzeptable Aussprache und seinen ‚anderen' Wortschatz weit gehend seinem Milieu verhaftet bleibt. Die individuelle Fähigkeit, sprachlich auf seine Umwelt einzuwirken, ist von großem Interesse für Arbeitgeber und Personalchefs. Die weltweiten Verflechtungen von Politik, Wirtschaft und Informationstechnologie bewirken eine sprachliche und soziokulturelle Standardisierung auf hohem Niveau. Dies gilt natürlich besonders für das Englische. Die weltweite Verwendung des Englischen setzt einen Standard auf den Ebenen von Aussprache, Grammatik und Wortschatz voraus, der an allgemein akzeptierte Traditionen in Bildung und Kultur insbesondere Großbritanniens und der USA gebunden ist.

Eliza Doolittles Sprechweise, jeder weiß es, wurde durch sprachlichen Drill erfolgreich verändert. Aber das war für den Humanisten Shaw nicht alles. Er wusste, dass wahres menschliches Leben mehr ist als korrekte Aussprache, korrekter Wortschatz und korrekter Satzbau. Welche Fähigkeiten, welche Gefühle und welche Herzensbildung verbergen sich hinter der Armut und der ausdrucksstarken ‚Vulgarität' Elizas und welcher Mangel an Einsicht steckt hinter der professionellen intellektuellen Größe von Professor Higgins. Eliza verkörpert jenen **Anspruch auf Empathie**, die Bereitschaft und Fähigkeit, sich in den Seelenzustand und die Einstellungen der anderen einzufühlen, die man bei Professor Higgins, dem ‚Geistesheroen', vergeblich sucht. Shaw hielt mit Stücken wie *Pygmalion* der Gesellschaft seiner Zeit den Spiegel vor. Vieles, was er an der viktorianischen Gesellschaft kritisierte, betrifft uns auch heute noch. Für Shaw benötigt das Individuum den **Schutz** durch den demokratisch verfassten Staat, um sich entwickeln zu können. Gegen die Gängelung durch die Staatsbürokratie bedarf es andererseits eines **Freiraum**es, in dem sich der Mensch entwickeln kann. Shaw glaubte an die *new woman*, den neuen Menschen, der sich für eine humane Gesellschaft engagierte. Sein *Pygmalion* gehört zu den Komödien, in denen ein neuer Mensch entsteht, der aufgrund seiner inneren Kraft über die Vorurteile einer Gesellschaft triumphiert, die das Potenzial der bildungsfernen Schichten gerade erst entdeckte.

Biografie und Entstehungsgeschichte

Am 26. 7. 1856 wurde George Bernard Shaw in Dublin geboren. Sein Vater, George Carr Shaw, hatte protestantisch-schottische Vorfahren, die aus England eingewandert waren. Der Shaw-Clan hatte es alles in allem zu Ansehen und Wohlstand gebracht und hielt sich für etwas Besonderes. Bernard Shaws Vater versuchte sich u. a. als Getreidehändler, um wie ein Gentleman leben und seine Dienstboten bezahlen zu können. Das Unternehmen musste Konkurs anmelden. Zudem führten seine Probleme mit dem Alkohol dazu, dass sich die besser gestellte Verwandtschaft von der Familie zurückzog. Es gab finanzielle Schwierigkeiten, auch für Shaws Mutter, Lucinda Elizabeth Shaw, die 16 Jahre jünger war als ihr Ehemann.

Shaw wuchs in einer Atmosphäre emotionaler Kälte auf. Elizabeth Shaw, von ihrem trunksüchtigen Mann enttäuscht, wandte ihre ganze Aufmerksamkeit den beiden älteren Töchtern zu. Der kleine George Bernard schien nicht wichtig zu sein. Was die Familie Shaw vor dem Ruin rettete, war die musikalische Begabung der Mutter, die eine Gesangsausbildung machte. So kam Shaw sehr früh mit klassischer Musik in Kontakt. Bald verließ Shaws Mutter ihren Mann mit ihren Töchtern und ging nach London. Shaw blieb in Dublin zurück und brachte mit großem Widerwillen seine Schulzeit zu Ende. Er eignete sich autodidaktisch umfangreiche Kenntnisse der klassischen Musik und der Literatur an.

Im Alter von 15 Jahren begann Shaw eine Lehre in einer Maklerfirma. Die fünf Jahre, die er dort verbrachte, weckten ein lebhaftes Interesse an ökonomischen Dingen, das sich in seinen Dramen und politischen Schriften zeigt.

1876 folgte er seiner Mutter nach London. Er lebte von dem Geld, das sie ihm gab, und versuchte sich als Journalist, Schriftsteller, Musikkritiker. Von den fünf Romanen, die er zwischen 1879 und 1883 schrieb, wurden damals nur zwei veröffentlicht: *Cashel Byron's Profession* (ein Roman über einen Preisboxer) und *An Unsocial Socialist* (eine ironisch-satirische Studie über die gesellschaftliche Ungleichheit in England).[1] Mitte der achtziger Jahre setzte Shaw seine autodidaktischen Studien im Londoner British Museum fort. Bald begann er, sich auch aktiv in die Politik einzumischen. Auf einer Kiste im Hyde Park, in Debattierklubs und bei politischen Versammlungen entwickelte er die zupackende, aggressive Rhetorik, die auch für seine späteren Dramen typisch wurde. Im Zuge seines politischen Engagements wurde Shaw mit Sidney und Beatrice Webb zu einem der führenden Mitglieder der *Fabian Society* (1884), einer bürgerlich-sozialistischen Gesellschaft, die 1900 mit zwei Mitgliedern, eines davon Shaw, im Labour Representation Committee vertreten war, aus dem sich später die Labour Party entwickelte. Für die Fabianer war die evolutionäre Entwicklung Englands zu einem sozialen Wohlfahrtsstaat erklärtes Ziel. Shaw beteiligte sich mit Essays und Vorträgen an der Arbeit der Fabian Society.

Inzwischen arbeitete er als Kunst- und Musikkritiker und dann als Theaterkritiker. Sein erstes sozialkritisches Stück über die Slums in London, *Widowers' Houses,* wurde 1892 im Royalty Theatre aufgeführt. Es erlebte nur wenige Aufführungen. *Mrs Warren's Profession* (1893), Thema ist die Prostitution, wurde vom Zensor verboten und konnte nur privat aufgeführt werden.

Shaw versuchte sich dann an weniger brisanten Themen oder präsentierte sie in der Form der Posse (z. B. *Arms and the Man*, dt. *Helden*, ein Antikriegsstück, 1894). Die Stücke der frühen Periode werden als *Plays Pleasant and Unpleasant* zusammengefasst, die amüsanten witzig-erotischen Stücke, unter ihnen *Caesar and Cleopatra*, 1898, als *Plays for Puritans*.

Im Jahre 1898 erkrankte Shaw ernsthaft und verzichtete auf seine Arbeit als Theaterkritiker. Er verließ das Haus seiner Mutter, um zu heiraten. Die Ehe mit der reichen Irin Charlotte Payne-Townsend dauerte bis zu ihrem Tod 1943 an. Es entstanden weitere Stücke, unter ihnen *Man and Superman*, 1901–1903, ein Drama, in dem Mozarts Oper *Don Giovanni* in eine Komödie verwandelt wurde. In ihm setzt sich die *life-force* der Frau gegen die Männer durch. Nur durch sie nimmt die Höherentwicklung des Menschen Gestalt an. Mit diesem Stück und *John Bull's Other Island*, 1904, – der Autor kritisierte darin die Briten, die Irland ausbeuten – stabilisierte sich Shaws Position als Dramatiker. Er wurde zum Idol und Vorbild der jungen Intellektuellen Englands.

Mit *Major Barbara* (1905), einem Drama, in dem Shaw zu einer satirisch-ironischen Darstellung der Verbindungen zwischen Religion, Geld und Militarismus anhob, kehrte Shaw zu seiner sozialkritischen Anfangsphase zurück.

1912 schließlich erschien *Pygmalion*. In dieser spannungsreichen Beziehungskomödie illustrierte Shaw das Verhältnis von Dialekt, Hochsprache, sozialer Stellung und Persönlichkeit. *Pygmalion* wurde durch die Verfilmung 1938 und das Musical und den Film *My Fair Lady* (1964) weltberühmt.

Der erste Weltkrieg änderte das Leben Shaws. Seine Antikriegshaltung (*Common Sense About the War*, 1914) wurde ihm in England zum Vorwurf gemacht, zumal er Sympathien für Deutschland mit anklingen ließ. So war *Heartbreak House*, entstanden 1913–1919, auch eine pessimistische Abrechnung mit den Gesellschaften Europas vor dem ersten Weltkrieg. Diesem

Pessimismus verdanken wir auch das lange Stück *Back to Methuselah,* 1918–1921, eine fünfteilige evolutionäre Geschichte der Schöpfung und der Menschheit in der Form des Dramas. Zwar wurde das Stück kaum aufgeführt, aber es enthält nach *Man and Superman* die Summe der Shawschen Metaphysik und lässt den Einfluss von Bergson, Nietzsche und Schopenhauer[2] deutlich spüren. 1923 erschien *St. Joan*, eine nach den Prozessakten rekonstruierte dramatische Chronik der Geschehnisse um die Heilige Johanna. Shaw hat Johanna gedanklich im Sinne seiner Evolutionstheorie als genialen Menschen begriffen, der an der Beschränktheit und Kurzsichtigkeit der Vertreter der Macht, des Systems, zugrunde geht und als Ketzerin verbrannt wird. 1926 erhielt Shaw für *St. Joan* (es wurde neben *Pygmalion* sein meistaufgeführtes Stück und ebenfalls verfilmt) und sein dramatisches Werk den Nobelpreis für Literatur. Die Auszeichnung wurde ihm rückwirkend für 1925 verliehen.[3] 1928 schloss er *The Intelligent Woman's Guide to Socialism and Capitalism* ab, ein Buch, das man neben *Everybody's Political What's What* (1944), als sein politisches Vermächtnis bezeichnen kann. In den USA wurde Shaw bald als einer der hervorragendsten Dramatiker des 20. Jahrhunderts angesehen. Er arbeitete bis zum hohen Alter von 94 Jahren weiter an seinem politischen und künstlerischen Werk. Des Autors letztes Stück, *Buoyant Billions,* wurde 1948 in Zürich uraufgeführt. Am 2. November 1950 starb er in Ayot St. Lawrence. Er war beim Beschneiden eines Baumes gefallen und hatte sich von den Folgen des Sturzes nicht mehr erholt.

Shaw war, obwohl in allem Autodidakt, ein vielbelesener Kenner der britischen Literatur. Und es war insbesondere die Idee des sozialen Aufstiegs, die den Roman des 18. und 19. Jahrhunderts leitmotivisch durchzieht, die ihn beschäftigte und die er in fast allen seinen Dramen verarbeitet hat. Einer dieser Romane, der ihn dazu angeregt haben mag, sich dem Pygmalionstoff zu widmen, war Tobias Smollets *The Adventures of Peregrine Pickle* aus dem Jahre 1751. Peregrine berichtet in Kapitel 87 über ein verarmtes Straßenmädchen, das er bei sich aufnimmt und in eine feine Lady verwandelt. Er kümmert sich um ihre Erziehung, denn, so meint er, der Unterschied im Verhalten der oberen und unteren Schichten bestehe nur in der „form of an education“. Nachdem er ihre vulgäre Sprache gereinigt und ihr die Literatur, Kultur und Musik der besseren Kreise nahe gebracht hat, kann er sie erfolgreich als Lady in den einflussreichen Familien ausgeben. Eines Tages jedoch, als sie von einer feinen Dame beim Kartenspielen betrogen wird, vergisst sie ihre guten Manieren und verlässt unter Flüchen und wüsten Beschimpfungen den Salon. Nach diesem Rückfall ist sie nicht mehr gesellschaftsfähig. Zum Glück macht ihr Erzieher (und Diener Peregrines) ihr einen Heiratsantrag. Sie brennen durch. Nach anfänglichem Zögern verzeiht Peregrine den beiden und gibt ihnen 500 Pfund Startkapital für ein Kaffeehaus mit Bar.

Die Parallelen zu Shaws *Pygmalion* sind offensichtlich, obwohl der Dramatiker behauptete, er habe Smollett nie gelesen. Im Übrigen nehme er, wenn er in einem Buche etwas Interessantes finde, dies dankbar an. Seine Moral sei dieselbe wie die von Molière und Händel – und Shakespeare könnte man hinzufügen.[4] Neben Ovids *Pygmalion* und Perraults *Cendrillon* (engl. *Cinderella*, dt. *Aschenputtel*, vgl. dazu Kap. 2: ‚Zentrale Motive‘) dürften wichtige Anstöße zur Abfassung der Komödie von Shaws Freundschaft mit dem berühmten Phonetiker Henry Sweet ausgegangen sein, der ihm die möglichst exakte Nachbildung der Sprache seiner Figuren nahe legte und von Shaws Bekanntschaft mit der Schauspielerin Ellen Terry. Er wollte sie schon 1897 mit dem Schauspieler Forbes in einem Stück auftreten lassen, „in which he [Forbes] shall be a west end gentleman and she [Ellen Terry] an east end dona [Slang für *woman* oder *sweetheart*] in an apron and three orange and red ostrich feathers.“[5] Anklänge an *Pygmalion* finden sich auch in Shaws

Roman *Love among the Artists* (Künstlerliebe), in dem einem Bürgermädchen Sprechunterricht erteilt wird, damit sie den Beruf der Schauspielerin erfolgreich ausüben kann. Alle diese Beziehungen und Verbindungen mögen den Autor Shaw bei der Abfassung von *Pygmalion* beeinflusst haben, aber er hat in der Verknüpfung der verschiedenen Ideen, Motive, Erinnerungen, Beobachtungen und Erkenntnisse ein künstlerisches Ganzes geschaffen, dass in seiner Vielschichtigkeit und bleibenden Modernität seinesgleichen sucht.

Inhaltsangabe

Preface, S. 5–9

In seinem Vorwort zu *Pygmalion* beklagt Shaw, dass die Engländer keinen Respekt vor ihrer Sprache haben. Sie verfügen nur über ein veraltetes Alphabet, das ihnen kaum hilft, das Gelesene korrekt auszusprechen oder Gesprochenes korrekt zu schreiben. Deswegen hat er einen Phonetiker zum Helden seines Stücks gemacht – einen Wissenschaftler, der sich mit den Lauten und den Vorgängen beim Sprechen einer Sprache beschäftigt. Shaw beschreibt dann die Person des berühmten Phonetikers Henry Sweet und kommt zu dem Schluss, dass eine exakte phonetische Schrift für den täglichen Gebrauch nicht praktikabel sei, aber durch eine Erweiterung des Alphabets und durch die weitgehende Annäherung der Rechtschreibung an die Aussprache sei schon viel gewonnen. Zum Schluss betont er noch einmal, dass *Pygmalion*, entgegen dem Urteil, Literatur dürfe nicht didaktisch (lehrhaft) sein, von ihm mit voller Absicht als eine didaktische Komödie angelegt worden sei, denn große Kunst könne nichts anderes sein. Mit Blick auf Leute, die durch ihren Akzent von jedem beruflichem Aufstieg ausgeschlossen seien, könne er sagen, dass eine Verwandlung wie die des Blumenmädchens durch Professor Higgins weder unmöglich noch selten sei. Viele der Verkäufer und Hausdiener aus dem West End seien in der Tat zweisprachig. Man müsse das Ganze nur professionell genug machen, denn „an honest slum dialect is more tolerable than the attempts of phonetically untaught persons to imitate the plutocracy" (S. 9; 7–8).

Akt I, S. 11–23

Der erste Akt von *Pygmalion* hat als Hintergrund Londons **Covent Garden**, wie es bis 1974 existierte. Es war eine lebhafte Gegend, mit dem großen Gemüsemarkt, der St. Paul's Church, dem Royal Opera House und Theatern im Umkreis.

Es ist kurz nach 11 Uhr nachts, die Theater haben gerade geschlossen: Unter dem Portal der St. Paul's Church hat eine Reihe von Leuten Schutz vor dem strömenden Regen gesucht. Mutter und Tochter Eynsford Hill warten auf ein Taxi. Ein Mann, er steht mit dem Rücken zu ihnen, schreibt etwas in ein Notizbuch. Die Tochter ärgert sich, dass ihr Bruder Freddy noch kein Taxi hat auftreiben können. Der eilt wenig später herbei mit der Nachricht, dass es in der Tat nirgendwo ein Taxi gebe. Mutter und Tochter drängen ihn sofort, es noch einmal zu versuchen.

Als Freddy das schützende Portal in großer Eile verlässt, stößt er mit einem Blumenmädchen zusammen. Das Mädchen protestiert, als ihm der Blumenkorb aus den Händen fällt, doch Freddy kümmert sich nicht um diesen Protest und läuft fort. Freddys Mutter gibt dem Blumenmädchen ein Sixpencestück für den angerichteten Schaden, nachdem es sich nachhaltig über die schlechten Manieren ihres Sohnes beschwert hat. Inzwischen ist ein älterer Gentleman eingetroffen, den das Blumenmädchen auffordert, Blumen zu kaufen. Er gibt ihm ein paar Münzen, da er nicht über das nötige Kleingeld verfügt.

Plötzlich warnt ein in der Nähe stehender Mann das Blumenmädchen Eliza vor dem Notizenmacher, der offenbar jedes Wort, das sie spricht, aufschreibt. Erschreckt springt sie auf und sagt, sie sei ein anständiges Mädchen und habe nichts Unrechtes getan, indem sie den Gentleman angesprochen habe. Sie befürchtet, dass der Notizenmacher ein Polizeispitzel ist und bittet ihn, ihr das Notizbuch zu zeigen. Da sie das Geschriebene nicht lesen kann, liest er ihr einen Satz vor, indem er ihren Cockney-Dialekt exakt wiedergibt. Er ist in der Lage, die Sprache und Herkunft eines jeden der umstehenden Gesprächsteilnehmer exakt anzugeben, auch die des älteren Gentleman.

Inzwischen hat es aufgehört zu regnen, die Menge zerstreut sich und Eliza, der Notizenmacher und der Gentleman bleiben zurück. Die beiden Männer kommen miteinander ins Gespräch, wobei der Notizenmacher nicht nur seine außerordentlichen phonetischen Fähigkeiten herausstellt, sondern auch die immer noch protestierende Eliza beleidigt, indem er ihr aufgrund der abscheulichen Töne, die sie von sich gibt, die Daseinsberechtigung abspricht. Ihr Aufheulen wird von ihm sofort notiert und mit dem Kommentar versehen, ihre Sprache werde sie für immer in der Gosse festhalten. Wenn er sich um sie kümmere, könne er sie in drei Monaten auf einer Botschaftsparty als Herzogin ausgeben.

Die beiden Männer stellen sich einander vor: Henry Higgins, Phonetikprofessor, Oberst Pickering, pensionierter Soldat, Sprachexperte und Erforscher indischer Dialekte. Beide haben sich schon lange einmal treffen wollen. Das Blumenmädchen versucht noch einmal, Oberst Pickering Blumen zu verkaufen, da sie ihre Miete noch bezahlen müsse. Pickering hat kein Kleingeld. Higgins erinnert sich, dass sie inzwischen durchaus genug Wechselgeld hat und bezichtigt sie der Lüge, denn sie könne durchaus „half a crown“ (heute etwa 25 p) wechseln. Verärgert wirft sie ihm die gesamten Blumen für Sixpence vor die Füße.

„Flower girls“ am Covent Garden um 1870

Ausschnitt einer Londonkarte von 1895.

Higgins, der die Kirchenglocken hört, wirft ihr darauf eine Handvoll Münzen in den Korb und geht mit Pickering fort. Als das Blumenmädchen aufgeregt das viele Geld zählt, trifft Freddy ein, dem es sagt, die beiden Damen hätten einen Bus genommen. Eliza nimmt das Taxi, das Freddy nun nicht mehr benötigt, und bittet den Chauffeur, er solle sie zum Buckingham Palace fahren. Die richtige, wenig respektable Adresse soll Freddy nicht erfahren.

***

Das Taxi fährt Eliza nach Angel Court, Drury Lane. Der Fahrer erlässt ihr den Fahrpreis, da sie ihn für zu hoch hält. Sie handelt sich dabei eine spöttische Bemerkung über ihre Armut ein.

Elizas kleines Zimmer ist mehr als ärmlich ausgestattet. Sie muss offensichtlich an allen Ecken und Enden sparen. Sie legt ihr Schultertuch ab, wirft ihre Schuhe von sich und geht, ohne sich umzuziehen, ins Bett.

***

Akt II, S. 25 – 54

Am nächsten Morgen: Professor Higgins, ein energischer Wissenschaftler, zeigt Oberst Pickering sein luxuriös ausgestattetes **Sprachlaboratorium** in der Wimpole Street, als ihm seine Haushälterin, Mrs Pearce, den Besuch des Blumenmädchens Eliza Doolittle meldet. Sie will Sprachunterricht bei Higgins nehmen. Zuerst weist er sie zurück, da er ihr Lisson Grove (damals ein weiter entfernt liegendes Armenviertel von London) Kauderwelsch schon aufgenommen hat. Eliza beharrt auf ihrem Wunsch. Obwohl Higgins Eliza ziemlich schroff behandelt, findet er langsam Interesse an der Idee, zumal Oberst Pickering ihm eine Wette vorschlägt: Higgins solle versuchen, Eliza auf der Gartenparty der Botschaft als Lady auszugeben. Er werde die gesamten Kosten für das Experiment tragen, wenn es Higgins gelinge. Higgins akzeptiert und befiehlt Mrs Pearce, sämtliche Kleider Elizas zu verbrennen und Eliza selbst in Packpapier einzuwickeln, bis neue kommen. Higgins wird Eliza gegenüber immer unhöflicher, sodass sich sogar seine Haushälterin über ihn empört. Liza äußert im Verlauf des Gesprächs Zweifel, dass überhaupt jemand sie heiraten werde. Als Higgins ausruft, die Straßen werden mit Leichen von Männern bedeckt sein, die sich ihretwegen erschossen haben, bevor er mit ihr fertig sei, ist Eliza kurz davor, zu gehen. Von ‚Bekloppten' *(balmies)* wolle sie nicht unterrichtet werden, worauf Higgins befiehlt, sie hinauszuwerfen. Wieder wird das Mädchen von Mrs Pearce und auch von Oberst Pickering in Schutz genommen. Aber Higgins schiebt alle Fragen nach der Position von Eliza in seinem Hause beiseite. Er wird so sarkastisch und beleidigend, dass Eliza zur Tür eilt und nur durch

Higgins' Versprechungen, sie bekomme Schokolade und Geld und könne so oft Taxi fahren, wie sie wolle, bleibt.

***

Eliza wird darauf von Mrs Pearce ins Bad geführt, wo sie die Badewanne mit warmem Wasser als Kulturschock erlebt.

***

Pickering bekommt Higgins' Zusage, dass Elizas Lage nicht ausgenutzt wird. Ein Müllkutscher, Alfred Doolittle, wird angekündigt. Es stellt sich heraus, dass es Elizas Vater ist. Er bittet um die Rückgabe seiner Tochter. Higgins willigt sofort ein, worauf Doolittle in Verlegenheit gerät, denn er ist nur wegen eines Handels gekommen. Higgins befürchtet eine Erpressung, aber Doolittle macht ihm klar, dass er seiner Tochter für fünf Pfund erlauben werde zu bleiben. Er würde 50 verlangen, wenn Higgins' Absichten unehrenhaft wären. Auf Pickerings Frage, ob er keine Moral habe, bekennt Doolittle freimütig, er sei so arm, dass er sie sich nicht leisten könne. Belustigt bietet ihm Higgins zehn Pfund, doch Doolittle bleibt bei fünf, weil zehn zu viel seien und ihn ‚vorsichtig' und unglücklich machen würden. Als er gerade gehen will, kommt eine hübsche japanische Lady herein, die er nicht als seine Tochter erkennt. Alle sind beeindruckt von ihrem schicken Aussehen. Als Doolittle geht, bietet Higgins ihm hinterhältig an, er könne jederzeit wiederkommen, um seine Tochter zu sehen; sein Bruder, ein Kirchenmann, werde ihm bei seinen Gesprächen beistehen – was Doolittles Abgang beschleunigt. Eliza begrüßt die Nachricht, dass ihre neuen Kleider gekommen sind, mit einem Aufschrei. Dies bestärkt Higgins und Pickering in ihrer Annahme, sie hätten einen schweren Job übernommen.

***

Elizas Sprech-Stunden mit Higgins kommen einer Tortur gleich. Aber sie erträgt seine tyrannische Art tapfer, wohl auch weil sie Pickerings Ermutigungen und Lob zu schätzen weiß.

***

Akt III, S. 55–74

Fünf Uhr nachmittags: Es ist **Mrs Higgins**' Empfangstag. Ihr **Empfangsraum** ist mit Geschmack eingerichtet. – Plötzlich wird die Tür wird heftig aufgestoßen und Higgins erscheint. Er informiert seine Mutter, er habe ein Blumenmädchen zu ihrem Empfangstag eingeladen. Er habe sie anständig sprechen gelehrt, sie werde nur über das Wetter und die Gesundheit im Allgemeinen reden. Ihre Aussprache sei in Ordnung, nur mit den Inhalten hapere es noch.

Mrs und Miss Eynsford Hill kommen herein. Die Mutter ist wohl erzogen, aber man merkt ihr eine gewisse Verzagtheit ob ihrer beschränkten Finanzen an. Die Tochter überspielt den Mangel an Geld mit ihrer draufgängerisch-selbstsicheren Art, sich in Gesellschaft zu geben. Als Eliza eintrifft – Higgins hat schon mehrmals die Gäste beleidigt –, ruft sie wegen ihrer Schönheit und Vornehmheit eine Sensation hervor. Mrs Higgins' Bemerkungen über das Wetter eröffnen die Konversation. Eliza spult einen auswendig gelernten Wetterbericht in bestem Englisch ab, der den inzwischen eingetroffenen Freddy Eynsford Hill zum Lachen bringt. Die Erwähnung der Grippe lässt Liza von ihrer Tante erzählen, die daran beinahe gestorben, in Wahrheit jedoch „abgemurkst" („done … in") worden sei von denen, die auf ihren Hut aus waren. Mrs Eynsford Hills Rückfragen bezüglich des Gesundheitszustandes der Tante bringen Eliza dazu, sich über die ‚segensreichen' Trinkgewohnheiten der *lower classes* zu verbreiten. Der neue Smalltalk Elizas amüsiert Freddy sehr. Doch sein Lachen stört Eliza. Mrs Higgins versichert Eliza, sie habe nichts Unrechtes gesagt. Dies fasst sie als Ermutigung auf, weiterzureden, aber Higgins bedeutet ihr, es sei genug und man müsse gehen. Bei der Verabschiedung fragt Freddy Eliza, ob sie durch den Park gehe und wenn ja, ob er … Sie antwortet in eleganter Aussprache, einen „Scheiß" werde sie tun („not bloody likely"), sie nehme ein Taxi. Mrs Eynsford Hill ist schockiert. Ihre

Tochter Clara findet den neuen Smalltalk entzückend und harmlos. Higgins fordert Clara darauf boshaft auf, ihn bei den weiteren Besuchen auszuprobieren. Da sie die ganze viktorianische Prüderie für unsinnig hält, verabschiedet sich mit einem „so ein Scheißblödsinn" („such bloody nonsense") und zeigt, was sie von Eliza gelernt hat. Nachdem die Besucher gegangen sind, wollen Higgins und Pickering von Mrs Higgins wissen, ob Eliza gesellschaftsfähig sei. Mrs Higgins verneint dies. Und sie will wissen, zu welchen Bedingungen Eliza in der Wimpole Street bleiben kann. Higgins hat sich geschworen, Eliza eine neue Sprache zu geben und sie in einen völlig neuen Menschen zu verwandeln. Pickering und Higgins ergehen sich in Begeisterungsstürmen über Elizas Fortschritte. Mrs Higgins' Frage, was mit ihr nach dem Experiment geschehen solle, berührt sie nicht.

***

Eine Botschaft in London: Pickering und Higgins warten auf Eliza. Dort treffen sie auf Nepommuck, einen ehemaligen Schüler von Higgins. Da er 32 Sprachen spricht und sich mit Akzenten gut auskennt, stellt er eine direkte Bedrohung für das Experiment dar. Eliza macht einen großen Eindruck auf der Party. Nepommuck behauptet unvermittelt, sie sei eine Betrügerin und könne nicht Doolittle heißen. Sie spreche perfektes Englisch und

das könnten nur Ausländer: sie sei eine ungarische Prinzessin. Higgins antwortet, sie sei ein gewöhnliches Londoner Mädchen, das von einem Experten sprechen gelernt habe. Niemand hört auf ihn. Eliza, die auf der Party großen Erfolg gehabt hat, will sich entschuldigen, dass sie die Wette verloren hat, aber Oberst Pickering versichert ihr, dass sie sie gewonnen habe.

***

Akt IV, S. 75–85

Die Botschaftsparty ist vorüber. Es ist Sommer, Mitternacht. Wir befinden uns im **Laboratorium der Wimpole Street**. Higgins und Pickering kommen die Treppe hinauf. Eliza öffnet die Tür. Sie ist bleich und ihr Gesichtsausduck fast tragisch. Higgins, der seine Pantoffeln nicht findet, erklärt, die ganze Angelegenheit sei langweilig gewesen. Die beiden Männer ignorieren Eliza völlig. Eliza ist so aufgebracht, dass sie sich auf den Boden wirft und tobt. Als Higgins – von draußen rufend, wo zum Teufel seine Pantoffeln seien – noch einmal zurückkommt, wirft Eliza sie ihm in ohnmächtiger Wut an den Kopf. Higgins packt Eliza und fragt, was los sei. Eliza sagt ihm, sie habe zwar seine Wette gewonnen, aber sie selbst sei wohl nicht wichtig. Am liebsten würde sie ihn umbringen. Mit einem unterdrückten Schrei fährt sie Higgins mit den Fingernägeln ins Gesicht. Er kann sie gerade noch abfangen und wirft sie in einen Sessel. Dann fragt sie verzweifelt, was aus ihr werden solle. Higgins ist dies offenbar gleichgültig. Sie sei frei und könne tun, was sie wolle. Sie könne ja heiraten, nicht alle Männer seien so überzeugte Junggesellen wie er und Pickering. Eliza weist dies entschieden zurück, sie habe Blumen verkauft, sich selbst verkaufe sie nicht. Plötzlich redet sie Higgins mit ‚Sir' an. Sie möchte wissen, was ihr gehört in diesem Hause, denn sie will nicht des Stehlens bezichtigt werden, wenn sie geht. Sodann gibt sie Higgins die Juwelen und den Ring, den er ihr in Brighton gekauft hat.

Er wirft ihn in den Kamin. Eine Weile braucht er, um sich zu fangen und verabschiedet sich mit der Bemerkung, er habe seine ganze Sympathie und sein ganzes Vertrauen an eine „herzlose Gossenschlampe“ („heartless guttersnipe“) verschwendet. Eliza holt den Ring aus dem Kamin, betrachtet ihn kurz, wirft ihn auf ein Tischchen und geht voller Zorn nach oben, um zu packen.

***

Draußen trifft sie auf Freddy, der sie sehnsüchtig erwartet hat. Er küsst sie leidenschaftlich. Ein älterer Polizist fordert die beiden auf, weiterzugehen. Nach einer Weile küssen sie sich wieder und werden erneut von einem Polizisten gestört. Schließlich nehmen sie ein Taxi, um darin spazieren zu fahren, bis Eliza am nächsten Morgen Zuflucht bei Mrs Higgins suchen kann.

***

Akt V, S.87–107

Mrs Higgins Salon: Eliza befindet sich im oberen Stockwerk. Higgins stürzt in das Zimmer seiner Mutter. Er und Pickering haben die Polizei benachrichtigt, dass Eliza verschwunden ist. Ein Dienstmädchen kündigt einen Herrn Doolittle an, der Higgins dringend zu sprechen wünsche. Higgins befürchtet, es sei ein reicher Verwandter, dem Eliza sich anvertraut habe. Aber herein kommt der Müllmann Alfred Doolittle, offenbar für eine vornehme Hochzeit (seine eigene, wie sich herausstellt) herausgeputzt. Er steuert direkt auf Henry Higgins zu und macht ihn verantwortlich für den Zustand, in dem er sich befindet. Higgins hatte vor geraumer Zeit in einem Brief an den amerikanischen Millionär Ezra D. Wannafeller von dem originellsten Moralisten Englands, Alfred Doolittle, gesprochen. Das Ergebnis: Doolittle bekommt im Rahmen eines weltweiten Programms zur Gründung von Vereinen zur Reform der Moral 3 000 Pfund pro Jahr. Dafür muss er zu Vorlesungen zur Verfügung stehen. Er hat erkannt, dass damit sein ganzes Leben zerstört ist. Früher war er frei, jeden um Geld anzubetteln, wenn er es wollte. Jetzt, da er ein Gentleman sei, werde er von jedem um Geld angegangen. Er müsse für andere leben und nicht für sich selbst. Als Mrs Higgins sagt, nun könne er ja für Eliza sorgen, reagiert ihr Sohn Henry heftig: Er habe fünf Pfund für Eliza bezahlt und sie gehöre ihm. Er, Doolittle, habe kein Recht mehr auf sie. Mrs Higgins beendet die absurde Argumentation ihres Sohnes mit dem Hinweis, dass Eliza oben im Hause sei. Sie hält ihn davon ab, sie zu holen, und wirft ihm und Pickering vor, sie hätten kein einziges Wort der Anerkennung zu Eliza gesagt. Pickering ist reumütig, aber Higgins denkt nicht im Mindesten daran, sich zu entschuldigen. Eliza kommt in den Salon, selbstbewusst, strahlend und ungezwungen. Sie begrüßt Higgins förmlich, Pickering freundschaftlich. Eliza dankt Oberst Pickering für seine Höflichkeit ihr gegenüber und schlägt vor, er könne sie Eliza nennen, Herr Higgins müsse sie jedoch Miss Doolittle nennen. Dies bringt Henry Higgins wieder ins Spiel, der auf Elizas Bemerkungen, sie habe ihre alte Sprache vergessen und könne nur noch die neue sprechen, entgegnet, man werde ja sehen. Eliza versichert, es werde keinen Rückfall geben. Da spürt sie eine Hand auf ihrer linken Schulter, dreht sich herum und sieht ihren herausgeputzten Vater. Sie ist so überrascht, dass das alte „A-a-a-ah-ow-ooh" des Blumenmädchens aus ihr herausbricht, was Higgins aufs Höchste erfreut. Eliza ist bestürzt, dass Doolittle ihre so genannte Stiefmutter heiraten will. Doolitte bittet seine Tochter trotzdem, zur Hochzeit zu kommen. Sie geht nach oben, um sich umzuziehen. Auch Mrs Higgins' Bitte, zur Hochzeit kommen zu dürfen, wird von Doolittle positiv beschieden.

Als Eliza wenig später versucht, Mrs Higgins' Salon zu verlassen, ohne noch einmal mit Higgins zu reden, blockiert dieser ihr geschickt den Weg und der finale Schlagabtausch kann beginnen. Eliza beharrt darauf, dass von nun an niemand mehr über sie hinweggehen werde. Beide sind der Ansicht, sie kämen ohne einander aus. In Momenten der inneren Rührung sagt Higgins Eliza, dass er sie vermissen werde, dass es ihm um ihre Seele gehe, nicht nur um ihre Stimme, die er ja jederzeit vom Band hören könne. Seine Bekenntnisse zum Leben und zur Humanität verfangen bei Eliza jedoch nicht. Sie werde sich um niemanden kümmern, der sich nicht auch um sie kümmere. Higgins versteht Elizas Wunsch nach einer echten menschlichen Beziehung nicht. Er bietet Eliza eine Beziehung im Sinne guter Kameradschaft, etwas anderes bekomme sie nicht. Higgins bietet ihr sogar an, sie zu adoptieren oder sie mit Pickering zu verheiraten. Dies erzürnt Eliza, denn sie will keine Geldheirat. Mit Freddy Eynsford Hill, der ihr einen Liebesbrief nach dem andern schreibt, eröffnet sich ein neues Diskussionsfeld. Higgins zeigt sich getroffen, vor allem, weil er seinen ‚Rivalen' für unwürdig hält. Eine Liebesbeziehung zwischen Higgins und Eliza ist offenbar nicht möglich und von Eliza auch nicht gewollt, eine Beziehung, die auf Freundlichkeit und gegenseitiger Achtung beruht, indessen genauso wenig. Eliza merkt, dass ihre Argumente bei Higgins nicht ankommen, und sieht für sich nur den Ausweg, Freddy zu heiraten und als Phonetiklehrerin und Assistentin des Higgins-Schülers Nepommuck zu arbeiten. Higgins' Ärger und Zorn über diese Wendung der Dinge schlagen schnell um in Bewunderung und in Stolz. Er hat eine wirkliche Frau und Lady aus Eliza gemacht.

Da Higgins nicht mit in die Kirche geht (er kann sich dort nicht benehmen), verabschiedet sich Eliza kühl von ihm: sie werde ihn nicht mehr sehen. Higgins ignoriert dies und bittet Eliza, wie üblich, ein paar Besorgungen zu machen. Eliza weist seine Befehle mit kühler Gelassenheit zurück und teilt ihm mit, er solle sich an Mrs Pearce wenden. Eliza geht. Mrs Higgins' Andeutung einer möglichen Heirat Elizas und Oberst Pickerings quittiert Higgins mit lautem Lachen und dem Ausruf, dass sie Freddy heiraten werde.

Sequel, S. 109–121

Das Hauptanliegen von Shaws Nachwort ist es, die Unwahrscheinlichkeit einer Heirat von Eliza und Professor Higgins darzulegen. Elizas Instinkt habe ihr gesagt, Higgins nicht zu heiraten. Shaw geht im Weiteren auf den schwierigen Charakter von Professor Higgins ein, seine dominierende geistige Überlegenheit, seine Mutterfixierung, sein platonisches Verhältnis zu Frauen und seine Weigerung, Kultur und Bildung „as modes of sex“, als Ausdruck des Sexuellen, anzusehen. Nach anfänglichen Schwierigkeiten gelingt es Eliza und Freddy mit finanzieller Unterstützung Oberst Pickerings, ihr Blumen- und Gemüsegeschäft zu einer gewissen Blüte zu bringen. Bisweilen mischt sich Eliza weiter in Haushaltsdinge der Wimpole Street ein, doch ihr Verhältnis zu Professor Higgins bleibt zerrüttet. Clara, zutiefst schockiert darüber, dass sie von Eliza hereingelegt wurde, legt ihre vornehm tuende Art langsam ab. Sie beginnt, sich mit den Romanen des berühmten H. G. Wells zu beschäftigen, wie es damals in den modischen Londoner Konversationszirkeln üblich war. Clara läuft Malern und Schriftstellern nach, hat aber mit dem verwegenen Versuch, sich deren Sprache anzueignen, keinen Erfolg. So bleibt sie das, was sie war: Ein dummer, unfähiger, ignoranter, unnützer Snob. Erst eine Freundin gleichen Alters, die in kurzer Zeit aus der Gosse hervorgegangen ist, öffnet ihr die Augen. Clara legt ihren Snobismus mithilfe einer weiteren, diesmal wahren Bekehrung durch H. G. Wells endgültig ab und macht sich endlich nicht nur Feinde, sondern auch Freunde. Durch die Lektüre von Galsworthy (englischer Schriftsteller, 1867–1933) wird sie übermütig und gleichzeitig verwundbar in ihrer allzu spontanen Ablehnung der feinen Gesellschaft und des Wappenschilds der Familie Eynsford Hill. Schließlich, nachdem sie einer Mitwellsianerin über ihre Begegnung mit Mr Wells auf einer Gartenparty berichtet hat, darf sie in deren Möbelgeschäft eintreten, denn ihre neue Freundin hofft, ihre schönen Sachen an

Mr Wells persönlich zu verkaufen. Damit scheint Claras Lebensunterhalt gesichert. Eliza hat weiterhin Glück, in der Liebe und in den Geschäften. Nur manchmal stellt sie sich in boshaften Anwandlungen vor, wie sie mit Higgins allein auf einer einsamen Insel ist und ihn von seinem hohen Podest herunterschubst und er sie liebt, wie jeder normale Mann es täte. Eliza mag Freddy und den Oberst. Higgins mag sie nicht. Sein Verhältnis zu ihr ist zu sehr von seiner Position als Herr und Schöpfer geprägt, als dass man es als angenehm bezeichnen könnte.

Textanalyse und Interpretation

1 Literarisches Genre und Aufbau

Die Komödie ist im Gegensatz zur Tragödie ein komisches Bühnenstück, in dem mehr oder minder ernste Probleme und Konflikte auf amüsante Art gelöst werden. Im Vordergrund der Handlung steht nicht das tragische Scheitern des noblen Individuums, sondern das Aufdecken menschlicher Schwächen und die humane, bisweilen auch ironisch-satirische, Kritik an ihnen. Die großen und kleinen Tragödien der Menschen können glücklich enden, und die Zuschauer dürfen lachen und sich befreit und ein wenig nachdenklich zurücklehnen.

Noch zu Beginn des 20. Jahrhunderts waren in England weitgehend substanzlose, auf melodramatischen Sensationseffekten beruhende **well-made plays**, spannende Unterhaltungsstücke und Melodramen Formen der großstädtischen Unterhaltung. Im Melodrama ging es um den Konflikt zwischen Gut und Böse, in dem sich das Gute am Ende durchsetzte. Geheimnisse, Verwechslungen, Überraschungen und Krisen führten im *well-made play* zur ‚scène à faire', der obligatorischen Szene, in der sich alle Missverständnisse aufklärten. Am Ende war alles wieder gut. In diesem Sinne ging die viktorianische Mittel- und Oberschicht ins Theater, um ihre eigene Wertewelt auf amüsante Weise bestätigt zu sehen. Shaw jedoch wollte keine Rührstücke, sondern Dramen, die witzige, ironisch-spöttische Wortgefechte wie auch soziale, politische und philosophische Problemstellungen beinhalteten. Die Selbstzufriedenheit der englischen Oberschichten war Shaw ein Dorn im Auge angesichts der *unpleasant facts* der viktorianischen Welt; denn in jeder großen englischen Stadt gab es Bezirke, in denen soziales Elend, Diebstahl, Zuhälterei, Prostitution, Miet- und Häuserspekulation an der Tagesordnung waren. Bei seinem Angriff auf das schale Illusionsbedürfnis des Theaterpublikums half Shaw das neue Drama Henrik Ibsens, der die Lebenslügen des modernen Menschen unerbittlich aufdeckte. Was ihn an Ibsen weiter faszinierte, war der Gebrauch der dramatischen Diskussion. Das neue Drama Shaws entstand aus einem Konflikt zwischen Ideen, deren Inhalte im Gespräch geklärt werden mussten. Shaw war gegen das Prinzip des ‚l'art pour l'art', der Kunst um der Kunst willen. Er präsentierte bekannte Ideen, Vorstellungen und Situationen aus einem neuen, ungewöhnlichen Blickwinkel, um so zu einer **Umkehrung** (**inversion**) bisher akzeptierter Werte und Vorstellungen zu gelangen:

> *This technical factor in the play is the discussion. Formerly you had in what was called a well-made play an exposition in the first act, a situation in the second, and unravelling in the third. Now you have exposition, situation, and discussion; and the discussion is the test of the playwright.*[6]

Dieser Faktor bestimmt auch den Aufbau von *Pygmalion*. Allerdings werden in das Diskussionsdrama Elemente des Melodramas eingebaut und so entstehen eine **äußere** und eine **innere Struktur,** die gleichwohl ineinander greifen:[7]

Act I Covent Garden	**Prologue or exposition**, main characters, setting, theme, atmosphere
Act II + Act III Flower Girl > mechanical doll > Duchess	**"outer (romantic) action"** Situation, complication
Act IV + Act V Duchess > Real Woman	**"inner action"** Discussion, no real solution

Die folgende grafische Darstellung zeigt die Aufteilung in Exposition (Akt 1), äußere (Akt 2 bis 3) und innere Handlung (Akt 4 bis 5). Äußere und innere Handlung haben ihren Höhepunkt. Ein Wendepunkt findet sich in Akt 4.[8]

Akt 1: Exposition; Akt 2 bis 3: äußere Handlung

Botschaft in London

Elizas und Higgins' großer Erfolg auf der Botschaftsparty, **äußere, filmische Klimax** (nicht Teil der Bühnenversion). (S. 70–74)

Mrs Higgins' Salon

Warnung von Mrs Higgings an ihren Sohn Henry und Oberst Pickering: Unverantwortlichkeit ihres Verhaltens gegenüber Eliza (Frage ihrer Zukunft). (S. 68, 35 bis S. 69, 11)

Der erste Test Elizas auf Mrs Higgins' Besuchstag. (S. 61, 1 bis S. 63, 35)
Ihr „not bloody likely" als **sprachlich-komischer Höhepunkt**. (S. 63, 32)

Akt 3

Higgins' Laboratorium

Alfred Doolittle verkauft seine Tochter Eliza für 5 Pfund an Higgins. (S. 47, 1–11; S. 48, 23 bis S. 49, 2)

Pickerings Wette mit Higgins: Er zahlt für das Experiment Eliza, wenn es Higgins gelingt, sie in 6 Monaten auf einer Botschaftsparty als Lady auszugeben. (S. 31, 1–4)

Eliza bittet Higgins, sie richtig sprechen zu lehren.
Ihr Motiv: sozialer Aufstieg. (S. 28, 27–32)

Akt 2

Covent Garden

Higgins' Kritik an Elizas Gossensprache. Ihr „erstes" Erwachen (in 3 Monaten zur Herzogin durch Sprachunterricht). (S. 20, 11–17)

Prof. Higgins notiert Sprechweise (und sozialen Status) aller Umstehenden. (S.14, 27 ff)
Die (Haupt-) Charaktere werden vorgestellt.

Akt 1

Akt 4 bis 5: innere Handlung

Offenes Ende: Eliza verlässt Higgins. (S. 107, 4)

Klimax: Sieg Elizas über Higgins, Unabhängigkeit durch Tätigkeit als Sprachlehrerin und Assistentin des Higgings-Schülers Nepommuk. (S. 105, 31 bis S. 106, 25)

Elizas Dilemma: Eine Rückkehr zu Higgins zu seinen Bedingungen ist ihr unmöglich, ein Leben als Blumenmädchen ist ihr ebenso verwehrt wie das Leben einer mittellosen Lady. (S. 102, 25/26 bis S. 103, 23)

Mrs Higgins' Salon

Finaler Schlagabtausch: Elizas Wunsch nach einer echten menschlichen Beziehung wird von Higgins nicht verstanden. (S. 100, 25 bis S. 101, 14)

Elizas sprachlicher Rückfall nach dem überraschenden Auftauchen ihres Vaters. (S. 98, 3–12)

Komisches Zwischenspiel: Alfred Doolittle als Opfer der Mittelklassenmoral. (S. 90, 34 bis S. 92, 10)

Mrs Higgins' Salon: **Higgins auf der Suche nach Eliza.** (S. 87, 20 ff)

Akt 5

Elizas stellt ihr Verhältnis zu Higgins auf ein rein formales um. Rückgabe von Juwelen (S. 81, 3 bis S. 82, 26) und Ring an Higgins. Die Protagonisten gehen im Zorn auseinander.

Higgins' Laboratorium

Eliza findet langsam zu ihrer eigenen Identität, lehnt es ab, „sich selbst zu verkaufen". (S. 79, 27 bis S. 80, 22)

Der Pantoffelwurf als psychologischer Wendepunkt des Stücks: Elizas Rebellion, „the birth of a soul". (S. 77, 34 bis S. 78, 24)

Akt 4

Nicht aufgenommen in die grafische Darstellung der Handlung sind die von Shaw mit *** gekennzeichneten Szenen (außer der Botschaftsszene als äußerer Höhepunkt). Kurze Zusammenfassungen dieser Szenen im Kapitel „Inhaltsangabe", S. 11–24.

Der gesamte erste Akt ist eine lebendige assoziationsreiche **Exposition** (einführender Teil eines Dramas), eine naturalistisch-realistische Darstellung des Londoner Alltagslebens an einem regnerischen Abend nach dem Ende der Theatervorstellungen. In dieser Szene setzt Shaw mit Higgins' Prahlerei, er könne in drei Monaten aus einem Blumenmädchen eine Herzogin machen und Elizas interessierter Reaktion einen *link*, der im zweiten Akt zu Elizas Vorsprache bei Professor Higgins und ihrer Bitte um Sprachunterricht führt. Die Wette Oberst Pickerings mit Higgins auf den Erfolg des Experiments Eliza setzt die eigentliche Handlung in Gang und kompliziert sie. Elizas Zukunft wird zum ersten Mal – von Mrs Pearce – thematisiert. Im dritten Akt kommt es zum **komischen Höhepunkt** der (äußeren) Handlung. Eliza legt als ‚mechanische Sprechpuppe' ihre Bewährungsprobe in vornehmer Gesellschaft ab. Die Heldin überwindet die sprachlichen und sozialen Hindernisse gerade so, aber auch das nur aufgrund der Beschränktheit und der nach oben strebenden Furchtsamkeit der nicht ganz so vornehmen Gäste. Auch der dritte Akt enthält am Ende einen ernsten Hinweis von Mrs Higgins auf die Frage der Zukunft Elizas, wodurch sich der Wendepunkt des Stückes andeutet.[9] Damit (und mit dem von Shaw nachträglich zwischen Akt 3 und Akt 4 eingefügten ‚Event' auf der Botschaftsparty) endet die äußere romantische Handlung. Wenn sich der Vorhang zum vierten Akt hebt, ist für den unbedarften Zuschauer also schon alles vorüber, fehlt nur noch der schöne Schluss. Aber der Punkt des Stückes, an dem sich die Handlung krisenhaft zuspitzt und plötzlich eine andere, nicht-romantische Richtung nimmt, die **peripety** oder **peripeteia** (dt. Peripetie, Wendepunkt), ist erst im vierten Akt erreicht, als Eliza sich bewusst wird, dass man sie ganz offenbar als Versuchskaninchen missbraucht hat. Danach ist die innere Handlung weitgehend identisch mit der dialogischen Auseinandersetzung der zwei Hauptpersonen und schreitet auf hohem Niveau weiter voran, bis sie ihre höchste Intensität im fünften Akt mit der **Klimax**, mit Elizas ‚Unabhängigkeitserklärung', erreicht hat. Den fünften Akt könnte man sogar die argumentative Klimax des Stücks nennen. Es ist das, was Shaw unter **discussion** versteht, eine Redeschlacht zweier willensstarker Menschen.[10]

Das Geschehen bricht kurz nach der Klimax des fünften Aktes mit der endgültigen Trennung der beiden Protagonisten ab. Das Ende des Stücks ist offen und zugleich der Anfang für ein neues ‚Drama', das das Leben schreiben muss.

Die beiden letzten Akte sind von Shaw mit einer solchen Intensität geschrieben worden, dass er als Dramatiker an einem bestimmten Punkt für eine Erholung des Publikums sorgen musste. Dies geschieht zu Beginn des fünften Aktes durch die Weiterführung der Nebenhandlung, die im zweiten Akt eingeführt wurde. Dieser **subplot** ist die komische Geschichte der Entwicklung Alfred Doolittles. Sie stellt eine thematische Parallele (sozialer Aufstieg) und gleichzeitig eine Umkehrung der Entwicklung Elizas im **main plot** dar (vgl. Kap. 4, S. 52).

2 Zentrale Motive

Unter **Motiv**, englisch **motif**, versteht man wiederkehrende Elemente, Ideen, Themen, Bilder und Symbole, die einem literarischen Text eine gewisse Einheit und Atmosphäre verleihen.

Das Pygmalionmotiv

Nach der griechischen Sage[11] war *Pygmalion* Bildhauer und König von Zypern. Er war so schockiert und enttäuscht von der lasterhaften Lebensweise der Frauen um ihn herum, dass er beschloss, in Zukunft ohne Frau zu leben. Als Ersatz schuf er sich eine wunderschöne Frauenstatue aus Elfenbein, in die er sich alsbald verliebte. Am Tag des großen Festes der Venus, das in ganz Zypern

Pygmalion und Galatea: Skulptur von Etienne-Maurice Falconet aus dem 18. Jahrhundert.

gefeiert wurde, stand auch Pygmalion am Altar der Göttin und wünschte sich – vorsichtig – jemanden wie seine Galatea als Frau. Venus erhörte seinen Wunsch. Als er nach Hause kam, herzte und küsste er Galatea wie zuvor. Plötzlich schien das Elfenbein nachzugeben und der Körper der Schönen weich und nachgiebig zu werden und Pygmalion spürte den Puls unter seinem Daumen. Venus wohnte der Hochzeit Galateas und Pygmalions bei und segnete den Bund. Nach neun Monaten gebar Galatea einen Sohn, Paphos, nach dem der Kultort der Venus auf Zypern seinen Namen hat.

Auch in Shaws Komödie kommt Higgins/Pygmalion nicht gut mit den Frauen zurecht. Und wie in der Legende erschafft Higgins eine Frau, die er mit Schmuck und schönen Kleidern beschenkt. Aber Shaw wandelt den Mythos in wesentlichen Punkten ab, wie der folgende tabellarische Vergleich zeigt:

Pygmalion – König und Bildhauer ↓	**Pygmalion/Higgins – Professor für Phonetik** ↓
• erschafft eine Frauenstatue (ideale Frau) und entbrennt in Liebe zu ihr.	• formt ein sozial benachteiligtes Blumenmädchen durch sprachlichen und psychischen Drill in eine mechanische Sprechpuppe und dann in eine mittellose Lady um.
• Mithilfe der Göttin Venus (externe Kraft) entsteht ein lebendiges menschliches Wesen.	• ‚Lady Eliza' erlangt erlangt aus eigener Kraft (interne *life force*) ihre Unabhängigkeit von ihrem ‚Schöpfer' Pygmalion/Higgins.
• Pygmalion und Galatea lieben sich und aus der Verbindung geht neues Leben (ein Sohn) hervor	• Higgins nimmt Elizas Unabhängigkeit zwar wahr, akzeptiert sie aber nicht.

Liebe spielt in Shaws *Pygmalion* im Gegensatz zur Pygmalionlegende keine Rolle, denn Higgins ist und bleibt ein Wissenschaftler, der die Gefühle seiner Mitmenschen, wenn überhaupt, nur vorübergehend wahrnimmt.

Das Aschenputtel- oder Cinderella-Motiv

Das Märchen Aschenputtel existiert in verschiedenen Versionen. Shaw kannte die Version Perraults.[12] Cinderella (Aschenputtel) hat sehr unter ihrer Stiefmutter und deren Töchtern zu leiden. Ihr Schlafplatz ist die Asche neben dem Ofen. Sehnsüchtig und traurig schaut sie ihren Stiefschwestern nach, die zum Ball des Königs eilen. Ihre Patin, eine Fee, ermöglicht ihr, ebenfalls an dem Fest teilzunehmen, indem sie sie in eine wunderschöne Prinzessin verwandelt, ihr eine prunkvolle Kutsche, schöne Kleider, Schmuck und zwei gläserne Pantoffel zur Verfügung stellt. Nur eine Auflage gibt sie Cinderella mit auf den Weg: Sie solle auf keinen Fall länger als bis Mitternacht auf dem Fest bleiben. Auf dem Ball erregt Cinderella die Aufmerksamkeit des Königssohns, der den Abend ausschließlich mit ihr verbringt. Um Viertel vor zwölf verabschiedet sie sich. Auf dem zweiten Ball amüsiert sich Cinderella noch mehr und vergisst die Zeit. Als sie den ersten Schlag auf Mitternacht hört, huscht sie dem Prinzen davon. In der Eile verliert sie einen ihrer gläsernen Schuhe. Der junge Prinz lässt im ganzen Land nach ihr suchen, hat aber keinen Erfolg, denn niemandem passt der gläserne Pantoffel. Als nun aber Cinderella ihn anprobiert, passt er ihr ohne Mühe. Alle wundern sich sehr, vor allem, als sie den zweiten Pantoffel hervorholt. Nachdem ihre Patin und Fee sie wieder in eine wunderschöne Prinzessin verwandelt hat, werfen sich ihre Stiefschwestern ihr zu Füßen und bitten sie um Verzeihung, die sie ihnen gewährt. Cinderella wird zum jungen Prinzen geführt, der sie noch schöner findet als zuvor und sie bald darauf heiratet. – Natürlich ist Shaws *Pygmalion* keine **Romanze** im Sinne des Märchens, obwohl er im Untertitel von *A Romance in Five Acts* spricht.[13] Ein armes, in Lumpen gekleidetes Mädchen, ohne Mutter, vom Vater vernachlässigt und von der ‚Stiefmutter' auf die Straße geworfen, trifft einen Gentleman und wird von ihm, wie Cinderella, in eine wunderschöne, elegant gekleidete Dame verwandelt. Für Eliza ist die magische Kutsche das Taxi. Higgins will sie in die dunkle Küche zu den schwarzen Käfern sperren und von Mrs Pearce mit dem Besenstil verprügeln lassen, wenn sie nicht artig ist. Auch die Uhr auf Higgins' Kamin schlägt zwölf, nachdem die Botschaftsparty vorüber ist. Aber die Funktion der Pantoffeln in *Pygmalion* zeigt, dass Shaw das romantische Märchen, die Romanze,[14] ins Gegenteil verkehrt. In Perraults Cinderella führt der wieder gefundene Pantoffel zur Heirat mit dem Prinzen, bei Shaw sind die Pantoffeln das Symbol männlicher Dominanz und Arroganz und führen zur Trennung. Indem Cinderella sie ihrem Prinzen Higgins an den Kopf wirft, leitet sie ihre Rebellion ein, von glücklichem Ausgang und Heirat ist danach keine Rede mehr.

Geld und sozialer Aufstieg

Die Tatsache, dass der soziale Status einer Person abhängig ist von ihrem Beruf, ihrem Verdienst und dem Besitz von Geld, hat Shaw auch in *Pygmalion* thematisiert. So spielt Geld für Professor Higgins keine Rolle, da er, wie auch Oberst Pickering, über große Summen verfügt, die er sich allerdings von den Londoner *upstarts*, heute *yuppies (young urban professionals)*, besorgt, die richtig sprechen lernen müssen, um ihre niedere soziale Herkunft zu kaschieren. Die Eynsford Hills sind eindeutig soziale Absteiger ohne Beruf, deren (ererbtes) Geld nicht ausreicht, um den gesellschaftlichen Standards der gehobenen Mittelschicht zu genügen. Shaw umschreibt ihre Position mit **genteel poverty**, vornehm tuende Armut. Eliza lebt allein in schlimmster Armut von ein paar Schillingen am Tag. Sie hat keine Chance aufzusteigen. Als Higgins ihr aus einer barmherzigen Laune heraus eine Hand voll Münzen in den Korb wirft, verhilft er ihr zu einem Vermögen. Der eine Shilling, den sie Higgins später für eine Stunde Unterricht bezahlen will, bei geschätzten 2,5 Shilling Tagesverdienst, kommt einem Betrag von £ 60 von einem Millionär gleich, eine damals extrem hohe Summe für ein Blumenmädchen, die sie natürlich auf gar keinen Fall bezahlen kann (vgl. das amüsante Missverständnis zwischen Higgins und Eliza auf S. 29, 29–S. 30, 13). Eliza kann schließlich ihre durch Bildung erworbene soziale Position als Lady erst durch ihren neuen Beruf als Sprachlehrerin finanziell absichern. Auch Alfred Doolittle, einem Gelegenheitsarbeiter und notorischen Schnorrer, fehlt zu Beginn das Geld, um sozial aufzusteigen. Aber während Elizas Aufstieg in die Mittelschicht von Shaw positiv gezeichnet ist, da sie sich ihre Unabhängigkeit erkämpft, ist Alfred Doolittles Entwicklung eine satirische Umkehrung des Schicksals seiner unehelichen Tochter. Seine Konversion vom ‚unwürdigen Armen' zum ‚unwürdigen Reichen', der anderen Geld geben muss, das er selbst nicht verdient hat, ist auch eine unverhohlene Kritik

Shaws am damaligen englischen Sozialsystem, dass die großen (ererbten) Vermögen, d. h. die englischen Oberschichten, nicht in die Pflicht nahm (vgl. dazu auch den Abschnitt ‚Gentleman', S. 35/36). Der Zuschauer sieht, dass eine Gesellschaft, deren ‚Ehrbarkeit' allein auf dem Geld beruht, im Grunde ‚unehrenhaft' ist. In diesem Widerspruch müssen sich die **new woman** Eliza, ihr Lehrer Professor Higgins und der neureiche Alfred Doolittle bewegen.

Der Gentleman

Der Gentleman ist im Englischen mit verschiedenen Begriffen belegt. Es ist ursprünglich ein Mann, der das Recht hatte, ein Wappen zu tragen, ohne Mitglied des Hochadels zu sein. Als solcher gehörte er zur *gentry*, dem niederen Adel. Im Weiteren wurden angesehene Männer und Frauen *(gentlemen, gentlewomen)* so bezeichnet[15], die über die besten britischen Eigenschaften verfügten, u. a. Mut, Fairplay, moralische und religiöse Prinzipientreue, Höflichkeit, gutes Verhalten und hohe Bildung. In *Pygmalion* gehört Oberst Pickering, ein pensionierter hoher Kolonialbeamter, der in Harrow (berühmte Privatschule) und in Cambridge ausgebildet wurde, dazu. Im Gegensatz zu Higgins ist er durch sein überlegtes und zuvorkommendes Verhalten ein Vorbild für Eliza – ähnlich wie Mrs Higgins, die man durchaus als Gentlewoman sehen kann. Für Higgins träfe der Begriff *gentleman* zwar auch zu, wenn man seine Bildung und sein Einkommen in Betracht zieht, aber sein aufbrausendes, unhöfliches Verhalten, auch seine bisweilen ungehobelte Sprache, sprechen dagegen. Shaw stellt dem traditionellen Verständnis des Gentleman seine eigenen Vorstellungen entgegen. Während er in *Man and Superman* noch den Räuber Mendoza sagen lässt: "(...) I am a brigand: I live by robbing the rich." und den ‚Revolutionär' Tanner: "(...) I am a gentleman: I live by robbing the poor."[16] rückt er in einer improvisierten Rede vor dem National Club

1913 von dieser Aussage ab und definiert ihn als „a cultured human being", das, wenn es das Recht in Anspruch nimmt, vom Staat ein gesichertes Auskommen garantiert zu bekommen, sich für dieses Privileg erkenntlich zeigen muss. Der Gentleman muss danach streben, der Gesellschaft mehr zurückzugeben, als er von ihr bekommen hat. Wenn ein Land sich unter dieser Voraussetzung entschließt, durch soziale Bildung und *religious feeling* so viele *gentlemen* und *gentlewomen* heranzubilden wie möglich, dann wird dieser Gesellschaft alles andere zufallen.[17] Wenn man *Pygmalion* Revue passieren lässt, so hätte auch Eliza Doolittle – Shaw weist in lustigem Unterton auf Elizas *classes* an der von den Fabians gegründeten London School of Economics hin (Sequel, S. 119, 7 f.) – das Potential, sich zu einer solchen nützlichen *gentlewoman* zu entwickeln. Für Higgins und Doolittle bestehen trotz ihrer Intelligenz kaum Chancen. Der eine ist frauenfeindlich, unehrlich und unverantwortlich, der andere ebenfalls frauenfeindlich, egoistisch, unhöflich und ohne Herzensbildung.

Heirat und Ehe

Shaws Ansichten zu Heirat und Ehe sind zum Teil recht unkonventionell und auch widersprüchlich. Liebe und Heirat werden von ihm als romantische Illusion gesehen. Er war natürlich gegen den „genteel white slave market"[18] der Viktorianer, d. h. gegen die damals weit verbreitete Praxis in der wohlhabenden Mittel- und Oberschicht, dass man seine Töchter an einen reichen Bräutigam verkaufte. Typisches Beispiel ist Clara, die verhinderte höhere Tochter, die offenbar auf der Suche nach einem Bräutigam ist und Higgins als „quite eligible matrimonially", als möglichen Heiratskandidaten, ansieht. (vgl. S. 60, 6/7) Die **Geldheirat** wird Eliza auch von Professor Higgins empfohlen. Sie lehnt dies jedoch ebenso ab wie eine Hochzeit mit Higgins. Shaw verhindert in seinen Komödien solche Heiraten, da er meint, die materielle und psychische Abhängigkeit der Frau von ihrem Ehemann müsse abgeschafft und die Ehe auf einer frauenfreundlichen gesetzlichen Grundlage geregelt werden. Er sympathisiert in diesem Sinne eindeutig in der Gestalt Elizas mit der Emanzipation der Frauen. Higgins verkörpert den ewigen Junggesellen. Für ihn werden Frauen, sobald man sich mit ihnen abgibt, schnell bestimmend und unzurechenbar. Frauen und Männer haben verschiedene Lebensziele und halten einander davon ab, sie zu erreichen. Ein satirisches Schmankerl ist die Haltung des „größten Moralisten“ in *Pygmalion*. Alfred Doolittle, selbst nie verheiratet, will seine Liebste zwar heiraten, aber sie will es nicht. Er ist ihr Sklave, weil er sie aushalten muss. Er empfiehlt Higgins, Eliza zu heiraten, solange sie jung ist und es nicht besser weiß – nicht aus moralischen Gründen, sondern um frei zu sein von den persönlichen und wirtschaftlichen Lasten, die damit verbunden sind, einer Geliebten gefallen zu müssen. Später, unvermutet reich geworden, heiratet Doolittle aus Gründen des Anstands, der ihm, wie er sagt, von der Moral der Mittelschichten aufgezwungen wird. Eliza hat seiner Ansicht nach Pech gehabt. Sie hätte einen der beiden Gentlemen „festnageln“ *(nail = secure and get hold of a person)* können, wenn sie nicht dauernd aus lauter Anstand aufeinander aufgepasst hätten. (vgl. S. 100, 1–5)

Snobismus

Clara Eynsford Hill ist der wohl von Shaw am bösartigsten gezeichnete Charakter in *Pygmalion*. Sie ist egoistisch, ungeduldig und hochfahrend, nennt ihren Bruder *selfish pig*, weil er kein Taxi besorgen kann. Mit ihrer Mischung aus Kühnheit und vornehm tuender Armut ist sie der Snob par excellence. Ein **Snob** ist „a person who admires people in the higher classes too much and has no respect for people in the lower classes.“[19] Von ihrer verarmten Mama knapp gehalten, bewundert sie die Gesellschaft der *upper middle class*, zu der sie gerne gehören möchte, zeigt aber keinerlei Respekt für die unteren Schichten. Die Bereitschaft ihrer Mutter, Eliza Geld für die von Freddy zertretenen Blumen zu geben, quittiert sie mit "Do nothing of the sort, mother. The idea!" (S. 13, 13) Das affektiert nachklappende „the idea" ist der sprachliche Ausdruck dieser verachtenden snobistischen Einstellung ebenso wie ihr angewiderter Ausruf: "Sixpence thrown away! Really, mamma, you might have spared Freddy that." (S. 13, 33) Clara, die junge Männer für *rotters* (S. 64, 7, Slang, dt. Lumpen) hält, ist ihrer snobistischen Haltung so sehr verhaftet, dass sie Higgins, den sie anhimmelt, auf den Leim geht, und Elizas „not bloody likely" als den neuen Smalltalk ansieht, „that gives such a smart emphasis to things that are not in themselves very witty" (S. 64, 16–18). Wenig später bezeichnet sie die ganze viktorianische Prüderie (der Oberschichten) als „such bloody nonsense" (S. 64, 32). Indem sie den gesellschaftlichen und sprachlichen Schnitzer der noch unfertigen ‚Lady Eliza' übernimmt und abwertend mit der viktorianischen Wertewelt in Verbindung bringt, wechselt sie von **snobbery** unversehens – und ohne dass sie es merkt – zu **inverted snobbery**, einer Einstellung, „that disapproves of everything connected with high social status and that is proud of low social status."[20] Durch ihre Eitelkeit, Unbeherrschtheit und Dummheit schließt sie sich als *inverted snob* aus dem Kreis der *genteel classes* aus (zu Clara vgl. auch Shaws Nachwort in der Inhaltsangabe, S. 23/24 und Kap. 4, S. 52–54). Auch Eliza ist in der Gefahr, auf Menschen der Unterschicht, der sie ja angehört(e), herabzuschauen. Higgins ermahnt sie recht früh: "Besides you shouldnt[21] cut your old friends now that you have risen in the world. Thats what we call snobbery." (S. 52, 9/10) Durch die verächtliche Bemerkung über ihren Vater, der sich herablässt „to marry that low common woman" (S. 98, 19/20) und sie, wie Higgins, weiter wie ein Blumenmädchen behandelt, handelt sie sich gegen Ende des Stücks ein zweites Mal den Vorwurf des Snobismus ein: Higgins:

"(...) Without accepting the comparison [with A. Doolittle] at all points, Eliza, it's quite true that your father is not a snob." (...) (vgl. S. 100, 36– S. 101, 1).

3 Sprache und Stil

Der Stil eines literarischen Textes ist die Art und Weise, in der sich der Autor und seine Personen ausdrücken. Er betrifft den Wortschatz (Lexik), die Aussprache (Phonetik), den Satzbau (Syntax), die Grammatik, den Ton und die Atmosphäre der Sprache, in der ein Autor schreibt. In *Pygmalion* sind Sprechweise, Dialekt, Wortwahl und bisweilen auch die Syntax so wichtig, dass sie zum tragenden Motiv des Dramas werden (vgl. dazu auch Kap. 5, S. 55–61). Die stilistischen Besonderheiten, um die es in diesem Kapitel geht, sind **sprachlich-rhetorische Figuren** oder **Stilmittel**, die Shaw benutzt, um die Wirkung der Aussagen seiner Charaktere auf den Gesprächspartner und das Publikum zu verstärken. Dabei ergeben sich Stilmischungen bei den Hauptcharakteren. Higgins' eher formeller Stil enthält eine Reihe von kurzen Sätzen, ist oft durchsetzt von Ausrufen, Imperativen, Flüchen und gerät bisweilen in die gefährliche Nachbarschaft des Milieus, aus dem er Eliza herausholen möchte. Elizas Sprechweise ist in der Auseinandersetzung mit Higgins einschmeichlerisch, aber auch von rigoroser Kürze, befehlend und fordernd. Wie wir sehen, hat der (sprachliche) Stil eines Menschen sehr viel mit seiner geistig-seelischen Verfassung zu tun.

Higgins' ‚Überlegenheit' zeigt sich in der Benutzung von **Sentenzen (aphorisms)**, allgemein gültigen, nicht infrage zu stellenden Sinnsprüchen, wie „what is life but a series of inspired follies" (S. 31, 16 f.) oder „making life means making trouble" (S. 102, 35). Die erste Sentenz enthält mit „inspired follies"(geniale Torheiten) zusätzlich ein **Oxymoron**, eine Verbindung von Wörtern gegensätzlicher Bedeutung, die Shaw hier benutzt, um Higgins' risikoreiche Idee hervorzuheben, Eliza zur Lady zur machen. Eine der wiederkehrenden rhetorischen Figuren bei Shaw ist das **Paradox**, mit dessen Hilfe es ihm gelingt, allgemein akzeptierte Wahrheiten oder Inhalte zu relativieren. Das Paradox ist eine absurde oder widersprüchlich erscheinende Aussage, die bei näherem Hinsehen doch ‚sinnvoll' ist. So begegnet Higgins dem Vorwurf von Mrs Pearce, er führe Eliza in Versuchung, und Eliza solle an ihre Zukunft denken, mit dem Paradoxon: "(...) Time enough to think of the future when you havnt any future to think of." (S. 35, 16 f.), eine ‚unsinnige', aber eigentlich zynische Aussage Higgins', die auf die hoffnungslose Situation Elizas abzielt. Mitgemeint ist, dass man für seine Zukunft sorgen soll, wenn man noch eine hat. Eliza hat keine, also braucht sie sich auch keine Sorgen zu machen. Außerdem ist sie laut Higgins „incapable of understanding anything." (S. 35, 32) Auch Alfred Doolittle arbeitet mit Paradoxa, wenn er sagt, dass er die zehn Pfund für Eliza sinnvoll verwenden wird: "(...) Don't you be afraid *that* I'll save it [the money] and spare it and live idle on it" (S. 48, 25/26). Das, was das Publikum erwartet, ist "don't you be afraid: I'll save it". Abgesehen davon, dass „live idle on it" (faulenzen, müßiggehen damit) nicht zum Sparen passt, macht das kleine Wörtchen *that* den Unterschied aus zwischen jemandem wie Doolittle, der sein Geld verjuxt, und einem ordentlichen Menschen, der es spart. Ein Paradoxon ist auch die Aussage von Mrs Higgins kurz nach Elizas Probe auf ihrer Teeparty. Higgins sieht nur Vorteile in der Erziehung Elizas durch ihn. Mrs Higgins kontert: "The advantages of that *poor woman* who was here just now. The *manners* and *habits* that *disqualify a fine lady* from *earning her own living* without giving her a *fine lady's income!*" (S. 69, 8–11) Es ist paradox, dass die guten Manieren einer Lady, die Eliza jetzt besitzt, sie daran hindern, ihren Lebensunterhalt zu verdienen, weil niemand sie einstellt. Es ist paradox, dass eine

Person, die alle Qualitäten einer Lady hat, nicht als solche akzeptiert werden wird, da sie nicht über das entsprechende Geld verfügt. Eine von Shaw wiederholt benutzte rhetorische Figur ist der **Parallelismus (parallelism)**, die Wiederholung gleichartiger Strukturen wie in Doolittles "I'm **w**illing to tell you. I'm **w**anting to tell you. I'm **w**aiting to tell you (S. 44, 29/30). Der Parallelismus enthält zusätzlich eine **Alliteration**, den lautlichen Gleichklang im Anlaut der drei *ing-forms*. Higgins reagiert auf die rhetorische Begabung Doolittles prompt mit einer **Hyperbel (hyperbole)**, einer Übertreibung: "(…) Sentimental rhetoric! thats the Welsh strain in him. It also accounts for his mendacity and dishonesty" (S. 44, 32–35). Die übertreibende Verallgemeinerung, dass alle Waliser verlogen und unehrlich sind, „the Welsh strain [Veranlagung]", ruft den Protest Oberst Pickerings hervor: "Oh, please, Higgins: I'm west country myself." (S. 45, 1).

Viele rhetorische Figuren verleihen den Aussagen Nachdruck und drücken Erregung, Zorn, Aggression und Frustration aus.

> *HIGGINS* [formally]: *Damn Mrs Pearce; and damn the coffee; and damn you; and* [wildly] *damn my own folly in having lavished my hard-earned knowledge and the treasure of my regard and intimacy on a heartless guttersnipe.* [He goes out with impressive decorum, and spoils it by slamming the door savagely] (S. 82, 17–22; Unterstreichungen vom Verfasser der Interpretationshilfe)

Higgins' vierfacher Fluch ist eine in sich gesteigerte nachdrückliche Wiederholung von Wörtern und Gedanken, eine rhetorische **Klimax (climax)**. Sie erreicht ihren Höhepunkt mit dem noblen „the treasure of my regard and intimacy" und schlägt mit dem plötzlichen Stilwechsel, „on a heartless guttersnipe (Gossenschlampe)" um in eine unangemessene Beleidigung Elizas, das stilistische Gegenteil des erhabenen Höhepunkts. Shaws Tendenz, Widersprüche schlaglichtartig zu verdeutlichen, ist auch erkennbar im **Chiasmus** (**chiasmus**, pl. **chiasmi**), der kreuzweise syntaktischen Stellung von aufeinander bezogenen Wörtern oder Redeteilen. Obwohl Higgins behauptet, sein Verhalten sei dasselbe wie das Oberst Pickerings, hält ihm Eliza entgegen:

> *LIZA: Thats not true. He treats a flower girl as if she was a duchess.*
>
> *HIGGINS: And I treat a duchess as if she was a flower girl.*
>
> *LIZA: I see* [She turns away composedly …] *The same to everybody.* (S. 100, 29–33; Unterstreichungen vom Verfasser der Interpretationshilfe)

Das Überkreuzstellen des antithetischen Begriffspaares *duchess* ⇔ *flowergirl* verdeutlicht dem Publikum die problematische Entwicklung Elizas vom Blumenmädchen zur Herzogin; denn Higgins wird sie, trotz ihrer Wandlung, nach wie vor so behandeln, als sei sie ein Blumenmädchen geblieben. Dass er auch die Damen der höheren Gesellschaft (seine Mutter ausgenommen) so behandeln könnte, als seien sie verarmte Blumenmädchen, ist ihm bei seiner gewaltigen Unbeherrschtheit und Unhöflichkeit durchaus zuzutrauen.

Shaws dramatische Sprache ist von ausdrucksstarken Vergleichen geprägt.

Higgins: "(…) You talk about me as if I were a motor-bus." (S. 101, 16) Der implizite Vergleich (**metaphor**) seiner Person mit einem Autobus wird ihm von Eliza sogleich mitsamt treffender Definition des Bildes bestätigt: "So you are a motor-bus: all bounce and go, and no consideration for anyone." (S. 101, 17/18) – ohne Rücksicht einfach drauflos. Die Alltagssprache bietet dem Dramatiker viele Möglichkeiten zu bildhafter, metaphorischer Sprache, so Higgins' "I can't turn your soul on" (S. 102, 1) in Analogie zu Elizas „turn the machine on" (S. 101, 37) oder Elizas Erwähnung von Higgins' Fähigkeit, jungen Mädchen den Kopf zu verdrehen, „[to] twist the heart in a girl", in Analogie zu „twist her arms to hurt her". (S. 102, 2/3). Auch die

Verwendung des **simile**, des direkten Vergleichs, in Higgins' Einschätzung Elizas am Ende der großen Redeschlacht (vgl. S. 106, 28–30): "Five minutes ago you were *like* a millstone round my neck", ihre bildhafte Charakterisierung durch Higgins als „a tower of strength", ein Turm an Kraft, für eine starke Person, auf die man sich verlassen und die für ihre Mitmenschen ein Rückhalt ist, sowie der Vergleich Elizas mit einem „consort battleship"(vgl. S. 106, 29/30), einem kämpfenden Geleitschiff, das aufgrund seiner Stärke und Kampferprobtheit in der Lage ist, den Verband zu schützen (so wie Eliza durch ihre Willensstärke und Kraft sich selbst und andere Frauen zu schützen weiß), zeugen von der bewussten Verwendung bildhafter Sprache durch den Dramatiker, um dem Publikum seine Botschaft zu vermitteln.

4 Charaktere und Personenkonstellation

Direct or explicit characterization (Beschreibung der Persönlichkeit einer Figur durch die Regieanweisung des Autors, durch die Figur selbst oder durch andere Figuren) und **indirect or implicit characterization** (die sich an dem ablesen lässt, was eine Person im Drama sagt und tut oder auch an Monologen, die nicht direkt an andere Figuren gerichtet sind) kennzeichnen auch *Pygmalion*. Dass Charaktere eines Dramas sich selbst und andere in dem, was sie sagen, oft höchst subjektiv darstellen können, gilt für Shaw besonders und macht den dramatischen Dialog für den Zuschauer zu einer vielseitigen und zugleich amüsanten Angelegenheit.

Shaws Vor- und Nachworte sind in diesem Zusammenhang für das Erleben der Komödie weniger wichtig als die z. T. sehr detaillierten Regieanweisungen. Mit ihnen wird direkt charakterisiert, werden – wie im Dialog – die individuelle Psychologie der Figuren in ihrer gesellschaftlichen Bedingtheit, ihre Rang- und Schichtenzugehörigkeit und ihre Sprechweise festgelegt.

Flat characters (auch *types* oder *stock characters*) wie z. B. Alfred Doolittle sind häufig als Kontrast *(foil)* zu **round characters**, den Hauptfiguren, in *Pygmalion* Henry Higgins und Eliza Doolittle, konzipiert. Wichtig für Shaw ist, dass beide Personengruppen, wie komplex oder ‚einfach' sie im Einzelfall auch sein mögen, am gesellschaftlichen Fortschritt und der Humanität teilhaben, die er in seinen Stücken einfordert. Seine Personen strahlen – selbst da, wo sie sich dem Stereotyp (stark stilisierte, festgelegte dramatische Figur) annähern, so etwa Clara Eynsford Hill – ein natürliches Selbstbewusstsein aus, das letztlich auf Shaws Optimismus beruht, seinem Glauben an die Kraft des Individuums.

In *Pygmalion* gibt es drei ‚**Gegensatzpaare**'. Sie sind drei verschiedenen Klassen oder Schichten der englischen Gesellschaft um das Jahr 1900 herum zugeordnet:

Lower class: Alfred Doolittle →← Eliza Doolittle.
Vater und Tochter sind arm, ungebildet und ohne Besitz. Ihr Cockney-Dialekt kennzeichnet sie von vornherein als Unterprivilegierte.
Upper middle class: Henry Higgins →← Mrs Higgins
Mutter und Sohn sind ohne finanzielle Sorgen, unabhängig, gebildet und besitzend, aber ohne Adelstitel.
Middle class: Mrs Hill →← Miss Eynsford Hill
Der angestrebte soziale Status der Familie – *upper middle class* – steht im Kontrast zu den beschränkten Finanzen, über die sie verfügt. Mutter, Tochter und der Sohn Freddy Eynsford Hill fungieren als Nebenfiguren im Stück.

Parallelität und Gegensatz sind typisch für das jeweilige Paar. So nimmt der Cockney-Müllkutscher Alfred Doolittle eine andere Entwicklung als das Cockney-Blumenmädchen Eliza. Henry Higgins' Verhalten ist substantiell verschieden von dem seiner Mutter, obwohl beide derselben Schicht angehören. Jedes Mitglied eines Gegensatzpaares steht aber natürlich für sich als Person im Gegensatz zu anderen Figuren. Dies gilt insbesondere für die beiden Hauptfiguren, Eliza Doolittle und Henry Higgins, aber auch für das Verhältnis von Alfred Doolittle und Higgins oder von Higgins und Colonel Pickering, der zu den Nebenfiguren zählt. Mrs Pearce, eine weitere Nebenfigur, ist gebildet genug, um die Funktion der Haushälterin und Hüterin der konventionellen Moral bei Higgins auszufüllen. Nepommuck (Whiskers), Higgins' Schüler und beruflicher Rivale, kann als respektierter ausländischer Exot – und laut Higgins weiterer Hohlkopf innerhalb der vornehmen Londoner Gesellschaft – durchgehen, der den Engländern das richtige Englisch beibringt. Auf der Botschaftsparty gelingt es ihm nicht, Eliza als ehemaliges Blumenmädchen zu identifizieren, und er sorgt damit indirekt für Elizas und Higgins Erfolg. Weitere Nebenfiguren: Umherstehende der Eingangszene am Kircheingang, ein Taxifahrer, Gastgeber(in) beim Empfang in einer Londoner Botschaft, Diener und Polizisten. Im Folgenden werden Personen der Komödie in der Einzelanalyse vorgestellt.

Henry Higgins

Henry Higgins, Professor für Phonetik, hat ein eigenes Sprach-Laboratorium in der Londoner Wimpole Street. Es ist mit sämtlichen Apparaten zum Aufnehmen und zur Wiedergabe verschiedenster Akzente oder Sprechweisen eingerichtet. Er ist etwa 40 Jahre alt, der energische Typ eines Wissenschaftlers, für den seine Wissenschaft mehr bedeutet als Menschen mit Meinungen und Gefühlen. Damit ist sein Charakter fast schon im Sinne eines **stock character** festgelegt, wäre da nicht seine kindliche Impulsivität und Naivität, das ‚freundliche' Schikanieren seiner Mitmenschen (bei guter Laune) und seine stürmische Gereiztheit ihnen gegenüber (wenn etwas schief geht) sowie die Tatsache, dass er trotz alledem absolut aufrichtig und bis auf Ausnahmen ohne jede Boshaftigkeit ist (vgl. S. 25, 1 f.).

Den Sprachunterricht, den er den Neureichen Londons erteilt, lässt er sich teuer bezahlen (vgl. S. 19, 23–25). Damit gehört er zur englischen Oberschicht und man könnte ihn einen Gentleman nennen. Aber schon die Art, wie er mit dem Blumenmädchen Eliza Doolittle unter dem Portal der St. Paul's Church umgeht, zeigt, dass er keiner ist: Sie ist für ihn ein „squashed cabbage leaf", ein zerquetschtes Kohlblatt, (S. 20, 18), „this creature with her kerbstone English" (S. 20, 11), diese Kreatur mit ihrem Gassenjargon, die das Recht auf Leben verwirkt hat (S. 19, 35). Das sprachliche Verhalten des Professors, sein ständiges Fluchen, „damn you"(S. 82, 17 f.), „damnation" (S. 96, 23), „what the devil" (S. 60; 26), „where the devil" (S. 76, 4), seine Wortwahl bei der Beschimpfung Elizas vor allem, er nennt sie „a draggle-tailed guttersnipe", eine schmutzige Gossenschlampe (S. 31, 19), stehen im Gegensatz zu seinem sozialen Status und entsprechen nicht den gesellschaftlichen Normen des zivilisierten Standardenglisch der gebildeten Mittel- und Oberschicht. Gefühle, Sympathie, Höflichkeit kann er sich generell nicht leisten. Die Familie Eynsford Hill überschüttet er mit Spott, Eliza hält er für „gefühllos" (S. 34, 4 f.). Doch dann, als er endlich einmal Gefühl zeigt: "I shall miss you Eliza" (S. 101; 31), "I can't turn your soul on" (S. 102; 1) und eine echte Beziehung anbahnen könnte, ergeht er sich in **Sentenzen**, "I care for life and humanity; and you are a part of it" (S. 102; 8). Eigentlich ist Higgins immer Mamas großer Junge geblieben. Sein Mutterkomplex ist offenbar: "My idea of a lovable woman is someone as like you [Mrs Higgins] as possible" (S. 56, 35). Er macht ihn unfähig zu einer wirklichen Beziehung zu einer jungen Frau. Junge Frauen hält er für argwöhnisch, eifersüchtig, fordernd; sie bringen alles durcheinander. Ein gemeinsames Leben mit ihnen ist unmöglich, "besides, they are all idiots." (S. 39, 29 f. und S. 56, 34) Kein Wunder, dass Higgins am Ende Junggeselle und Wissenschaftler bleibt. Selbst wandlungsunfähig verwandelt Pygmalion eine lebendige junge Frau zuerst in eine Statue, eine Sprechpuppe, und erkennt die gegenläufige Bewegung, die vom Subjekt gewordenen Geschöpf ausgeht und in dessen Unabhängigkeit und Freiheit endet, zu spät. Obwohl Schöpfer der neuen Eliza, ist und bleibt Higgins ein fertiger, insgesamt statischer Charakter, dessen ‚Tragik' darin besteht, seine Galatea nicht zu ‚erkennen' (vgl. dazu auch Kap. 2: ‚Zentrale Motive' und Kap. 4, S. 51).

Mrs Higgins

Mrs Higgins ist bei aller Bestimmtheit höflich und zuvorkommend – außer, wenn sie ihren Sohn zurechtweisen muss: "Stop fidgeting [zappeln] and take your hands out of your pockets" (S. 57, 7 f.). Als er überraschend zu ihrer Teeparty kommt, befiehlt sie ihm, wieder nach Hause zu gehen, da er in der Regel die Gäste vergrault (S. 56, 11–14). Die Einrichtung ihres Salons zeugt von Bildung und erlesenem Geschmack (vgl. S. 55, 1 f.). Wann immer sie auftritt – etwa zu Beginn des dritten Aktes (S. 56, 6 f.), im ersten Teil des fünften Aktes (S. 87, 5 f.) und gegen Ende des Stücks (S. 99, 16 f.; S. 106, 34 f.) –, ist sie bedacht, die Situation, die Szene unter Kontrolle zu bekommen. Aus der Perspektive des Dramatikers gesehen wehrt sie geschickt unmittelbar bevorstehendes Chaos ab. Obwohl ihr Besuch nicht vorgesehen war, behandelt sie Eliza zuvorkommend (S. 61, 5). Das überaus schockierende „not bloody likely" Elizas (S. 63, 32) kommentiert sie nicht, ebenso wenig Claras „such bloody nonsense" (S. 64, 32). Höflich werden die Gäste verabschiedet. Ihren Sohn indessen klärt sie ohne Nachsicht darüber auf, dass seine Sprechpuppe nicht gesellschaftsfähig ist, da ihre korrekte Aussprache ihren ausdrucksstarken Cockneywortschatz nicht verdecken kann. Sie stellt auch die zentrale Frage, was nach dem Experiment mit Eliza geschehen soll (S. 69, 4/5), stellt fest, dass Elizas Erziehung zur Lady ihr kein Einkommen garantiert, und ist verzweifelt ob der gleichgültigen Sorglosigkeit von Higgins und Pickering (S. 69, 28–33). Auch im fünften Akt ist Mrs Higgins' Gelenkfunktion deutlich. Eliza findet bei ihr Zuflucht. Dies enthüllt sie ihrem Sohn erst, als Higgins Alfred Doolittle die Rückgabe seiner Tochter verweigert (S. 92, 22–25). Und sie lässt Eliza erst holen, nachdem sie Higgins und Pickering klar gemacht hat, dass ihr Verhalten Eliza gegenüber zumindest „ein wenig unüberlegt" war (S. 93, 34 f.). Dadurch, dass sie Doolittle bittet, auf den Balkon zu gehen, bevor Eliza kommt, sorgt sie ungewollt für deren überraschenden Rückfall in ihre Cockneysprache (S. 98, 4–12). Am Ende lässt sie sich zu Alfred Doolittles Hochzeit einladen, verhindert die Einladung ihres Sohnes (vgl. S. 107, 1 f.), und zeigt mit ihrer Bemerkung, sie müsste Higgins' und Elizas wegen beunruhigt sein, wenn Eliza Oberst Pickering weniger zugeneigt wäre, dass sie die Entwicklung Elizas zu einer unabhängigen Persönlichkeit nicht richtig mitbekommen hat (vgl. S. 107, 20 f.). Mrs Higgins ist eine wichtige Nebenfigur, die die Fäden der Handlung in der Hand hält. Sie ist eine Lady, die für Eliza und gegen ihren Sohn Partei ergreift, ohne allerdings die Vitalität und charakterliche Vielschichtigkeit Elizas zu erreichen.

Colonel (Oberst) Pickering

Colonel Pickering, reicher pensionierter Oberst und Experte des gesprochenen Sanskrit, ist der ‚gentleman par excellence' in Shaws Komödie. Sein biografischer Hintergrund – Cheltenham, Harrow (berühmte englische Privatschule), Cambridge (Cambridge und Oxford sind bis heute die Eliteuniversitäten Englands) und Indien (vgl. S. 17, 19) – weist ihn als der Elite des Empire zugehörig aus. Seine Korrektheit und vorbildlichen Manieren erst ermöglichen es Higgins, das Experiment Eliza zu wagen. Er bringt Higgins auf die Idee der Wette und kommt für die Kosten auf im Falle des Erfolgs. Im Gegensatz zu Higgins nennt er Eliza schon sehr früh „Miss Doolittle" (S. 35, 36) und initiiert damit ihre Erziehung zur wahren Lady (vgl. S. 96, 25–S. 97, 17). Pickering bleibt während des gesamten Stückes ein gern gesehener Gast Higgins', obwohl oder gerade weil er Eliza beschützt und um ihren Ruf besorgt ist (S. 39, 23/24; S. 40, 12–15). Nur zweimal fällt er aus der Rolle des Gentlemans heraus. Das eine Mal, als er in Higgins' lächerlichen *nursery rhyme* auf Eliza einstimmt (S. 29, 19–24), das andere Mal, als er es zusammen mit Higgins unterlässt, Eliza nach ihrem Erfolg auf der Botschaftsparty zu beglückwünschen (vgl. S. 75–77). Kleinere Fehler unterlaufen ihm, als er Mrs Higgins gegenüber das Problem Eliza herunterspielt (S. 69, 12–27) oder nach Elizas Fortgang mit Higgins die Polizei benachrichtigt, als sei sie ein Dieb (S. 87, 7; S. 88, 9–18). Pickerings moralische Ansichten sind dezidiert; er ist schockiert über Alfred Doolittles Weigerung, weder Elizas Mutter, noch seine jetzige Geliebte zu heiraten (S. 99, 4–11), und ist erst wieder versöhnt, als dieser ihn zur Hochzeit einlädt (S. 99, 13 f). Oberst Pickering ist eine positive Figur der englischen Oberschicht, er ergänzt und relativiert damit den tyrannischen Higgins.

Eliza Doolittle

Eliza Doolittle, ein armes, verdrecktes Blumenmädchen spricht Cockney-Englisch, die Sprache der Londoner Unterschicht. Ihr Akzent der Slumgegend Lisson Grove schließt sie von jeglichem sozialen Aufstieg aus (vgl. S. 20, 12). Mit ihren ca. 18 Jahren ist sie keineswegs eine romantische Figur. Ihr Hut ist voller Schmutz und Ruß, ihre Kleidung abgetragen, ihr Gesicht, wäre es nicht so ungepflegt, könnte das einer Lady sein. Ihre Zähne sind schlecht (vgl. S. 12, 26 bis S. 13, 4). Eliza lebt allein in einem armseligen Zimmer (S. 22, 23 f.). Ihre Mutter kennt sie nicht, da ihr Vater nie geheiratet hat. Von ihrer sechsten Stiefmutter wurde sie auf die Straße geworfen und muss nun selbst für sich sorgen. Als eine der Ärmsten der Armen lebt sie nun ständig in der Gefahr, ihre Person und ihre Ehre auf den Straßen Londons aufs Spiel zu setzen. Deshalb betont sie Higgins gegenüber wiederholt ihre Anständigkeit (S. 14, 33 f.; S. 16, 35; S. 18, 22; S. 31, 31) und beharrt darauf, seine Notizen in Augenschein zu nehmen. Higgins' Äußerung, er könne sie in drei Monaten auf einer Botschaftsparty als Herzogin ausgeben, lässt Eliza zum ersten Mal erwachen (vgl. S. 20, 13 f.). Sie spürt, dass dieser seltsame Mann ihr Leben verändern kann, sucht ihn auf und bittet ihn, ihr Sprachunterricht zu geben. Es kommt schließlich zu der Wette: Higgins wird Eliza unterrichten, um sie auf der Botschaftsparty als Lady auszugeben. Pickering wird für den Unterricht zahlen, wenn das Experiment gelingt. Eliza spürt, dass Higgins' rüde Art noch problematisch werden könnte (S. 34, 25); aber sie kann der Versuchung von Schokolade, Taxis und einem angenehmen Leben nicht widerstehen. Der Unterricht ist für das Mädchen aus der Gosse eine wahre Tortur (vgl. S. 52–54). Ergebnis dieser Arbeit ist der phonetisch perfekt abgespulte Wetterbericht Elizas auf Mrs Higgins Teeparty. Er steht in komischem Kontrast zur Pseudovornehmheit der Situation. Aber Elizas ausdrucksstarker Wortschatz spielt ihr alsbald einen Streich. Das „not bloody likely" (S. 63, 32) auf die Frage Freddy Eynsford Hills, ob sie durch den Park gehe, beweist, dass der erste Teil des Experiments nur zum Teil gelungen ist. Die Sprache der Lady ist noch nicht perfekt (vgl. dazu auch Kap. 5, S. 61). Dies wird erst mit Elizas großem Erfolg auf der Botschaftsparty (nicht Teil des Theatergeschehens, vgl. S. 70–74) erreicht. Elizas zweites Erwachen beginnt mit dem vierten Akt, in dem sie zu der Erkenntnis gelangt, dass ihr gesellschaftlicher Erfolg nur etwas Äußerliches war. Ihre Rebellion, bedingt durch die souveräne Missachtung ihrer Person nach dem Erfolg durch Higgins und Pickering, beginnt mit dem symbolischen Akt, dem Wurf der Pantoffeln auf Higgins. Eliza stellt die Frage nach ihrer sozialen und psychischen Identität (vgl. S. 78, 21 f. und das Kap. 5, S. 67 f.). Die **Identitätskrise** führt schließlich dazu, dass sie sich von ihrem Schöpfer distanziert. Mit der Rückgabe des Rings, den Higgins ihr gab, Symbol der Verbundenheit beider, trifft sie ihren ‚Schöpfer' ins Mark (vgl. S. 82, 6–8). Nach der Geburt der Seele Elizas folgt im letzten Akt der Kampf zweier voll ausgeprägter Charaktere. Eliza gibt Higgins zu verstehen, dass sie eine auf gegenseitiger Achtung basierende Beziehung wünscht. Schließlich gewinnt sie die Schlacht, indem sie ihre Unabhängigkeit erklärt: Sie wird sich als Sprachlehrerin und Assistentin von Higgins' Schüler und Feind Nepommuck ihren Lebensunterhalt verdienen. Sie triumphiert somit als Lady und als selbstbewusste Frau, die in der Lage ist, für ihre Rechte zu kämpfen (vgl. S. 106, 29/30). Galatea/Eliza hat sich als der offene und vitalere Charakter erwiesen, Pygmalion/Higgins, der verhinderte *life-giver*, als der statische Gefangene des Systems.

Alfred Doolittle

Alfred Doolittle ist ein älterer, aber kräftiger Mann mit ausdrucksstarkem Gesicht, ebenso frei von Furcht wie von Gewissensbissen. Auch sein Leben wird durch eine von Higgins' unbedachten Launen verändert. Die Person Doolittles wird durch *a telling name*, einen sprechenden Namen, kenntlich gemacht: *Do little.* Zeitlebens unverheiratet und mit wechselnden Lebensgefährtinnen ‚bestraft', ist er eine ironisch-satirisch gezeichnete Nebenfigur, dessen Komik auf seiner Schlagfertigkeit und auf seinem Cockneydialekt beruht. Zu den Schlagworten seiner Lebensphilosophie gehört der Begriff der **undeserving poor** (der unwürdigen Armen, S. 47, 27). Sein Problem ist nicht moralischer, sondern ökonomischer Art. Seinen eigentlichen Beruf, er ist Erdarbeiter, übt er nur zeitweise aus, ansonsten ist er Müllkutscher und Schnorrer (vgl. S. 51, 33 f.). Moral und Verantwortungsgefühl kann er sich nicht leisten. Deswegen verkauft er seine Tochter Eliza für fünf Pfund an Henry Higgins. Geld braucht er, Almosen nimmt er nicht an. Die sind für die **deserving poor**, die würdigen Armen, die nach der Moral der Mittelschichten leben. Man merkt, dass Shaw Spaß an dieser Figur hatte, denn er stattete Doolittle mit einer rhetorischen Begabung aus, mit der er laut Higgins ohne weiteres Premierminister oder ein berühmter Prediger hätte werden können (S. 48, 12–14). Aufgrund dieser Begabung schreibt Higgins einen Brief an einen amerikanischen Freund und Millionär und empfiehlt Doolittle, den größten Moralisten Englands, für dessen Moral Reform Societies (S. 90, 8–29). Die 3 000 Pfund pro Jahr, die er für seine ‚Vorlesungen' bekommt, machen Doolittle reich, aber der Reichtum macht ihn auch zum Sklaven. Jeder pumpt ihn an. Er muss Leute entlohnen, die ihn vorher nicht einmal angesehen hätten. Seine ‚Tragik' besteht darin, dass er das Geld aus Angst vor dem *Workhouse* (Vorläufer des Altersheims, in dem arme alte Menschen in England unter unwürdigen Bedingungen leben und arbeiten mussten) nicht ablehnen kann. Es ist dieselbe **middle class morality**, die ihn zwingt, seine letzte Geliebte zu heiraten, obwohl er und sie das eigentlich gar nicht möchten. Durch eine kapricenhafte märchenhafte Laune – wieder klingt das Aschenputtelmotiv an – ist Doolittle zwar plötzlich reich geworden, aber sein Mangel an Verantwortungsgefühl ist ihm geblieben. Als Mitglied der *undeserving poor* war er ‚frei', als Mitglied der *undeserving rich* ist er ‚unfrei'. Eliza Doolittle ist auf der Suche nach sich selbst als Person unabhängig geworden. Alfred Doolittle bleibt der Weg zur Unabhängigkeit verwehrt (vgl. auch Kap. 5, S. 65 f.).

Die Familie Eynsford Hill

Mrs und Clara Eynsford Hill sowie ihr Bruder Freddy werden von der eigenen Klasse verachtet, da ihnen das Geld fehlt, um wirklich von den **fashionable middle classes** akzeptiert zu werden und ihre soziale Position aufrechtzuerhalten. Claras „bravado of genteel poverty" (S. 58, 13), ihr trotz vornehm tuender Armut herausforderndes Benehmen, steht im Gegensatz zum Verhalten ihrer eher sanften, verängstigten, gebildeten Mutter, der man die Beschränktheit ihrer finanziellen Mittel noch eher anmerkt. Claras sozialer Hochmut führt sie dazu, Eliza die Sixpence für die von ihrem Bruder zertretenen Veilchen zu verweigern. Zum Glück für Eliza kann sie sich bei ihrer Mutter nicht durchsetzen (vgl. S. 13, 7 ff.). Laut Higgins' sozial-phonetischer Lokalisierung (vgl. S. 17, 35–18, 7) lebt die Familie in Earlscourt, die Mutter muss wohl im vornehmeren Epsom aufgewachsen sein. Der soziale Abstieg der Familie wird dadurch offenbar. Der Sohn Freddy – arbeitslos wie auch seine Schwester – ist ein liebenswerter, aber inkompetenter junger Mann. Es gelingt ihm nicht, ein Taxi für seine Mutter und seine Schwester zu besorgen (S. 11, 10 f.), wofür ihn die brutale Schwester ein „selfish pig" (S. 12, 18) ohne „gumption" (dt. Grips, S. 11, 22) nennt. Sein mehrmaliges affektiertes „Ahdedo?" (How do you do?, S. 59, 22, 25, 27) unterstreicht seine Beschränktheit. Für Higgins ist er ein armer Teufel, der nicht einmal einen Job als Laufbursche bekäme, selbst wenn er sich darum bemühte (S. 105, 26–28). Er verliebt sich Hals über Kopf in Eliza, die ihn am Ende heiraten und unterstützen wird (S. 105, 24 f.). Mrs Eynsford Hill ist schockiert ob Elizas „Not bloody likely" (S. 63, 32–37), ihre Tochter akzeptiert die Äußerung als neuen Smalltalk, da sie annimmt, dieser Ausdruck ermögliche ihr Zugang zu den oberen Schichten der Gesellschaft (vgl. S. 64, 32 f.). Damit ist die resolute junge Dame aber keineswegs *up to date*, wie sie meint, sondern schließt sich durch ihre Eitelkeit, Unüberlegtheit und Unbeherrschtheit selbst aus dem Kreise der **genteel classes** (der vornehmen Schichten) aus (vgl. dazu auch das Motiv ‚Snobismus' in Kap. 2, S. 37–39). Die Situation der Eynsford Hills scheint ausweglos. Shaw, der wohl Higgins' boshafte Verachtung für solche ‚Stützen der Gesellschaft' teilte, hatte die Perspektivlosigkeit der **genteel poverty** an sich selbst und seiner eigenen Familie erfahren müssen und konnte sich in einem längeren Prozess von ihr befreien. Die Entwicklung zur vollen, unabhängigen, freien Persönlichkeit ist den Eynsford Hills im Gegensatz zu Shaw und Eliza versagt.

Mrs Pearce

Mrs Pearce hat als Haushälterin eines vornehmen englischen Haushaltes zu Beginn des 20. Jahrhunderts ein ausgeprägtes Bewusstsein, was die Klassenschranken der englischen Gesellschaft anbetrifft. Bei aller gebotenen Förmlichkeit hat sie ein besonderes Verhältnis zu Professor Higgins, dessen schlechte Manieren und Kleidung (S. 42, 1–8) und dessen unfaires Verhalten gegenüber Eliza (vgl. S. 33, 17–19) sie offen kritisiert. Offenbar ist sie eine Art Muttersatz für Higgins. Da sie von der Herkunft her wohl auch die Unterschichten kennt, kann sie Eliza zurechtweisen und erziehen und Higgins vor einem unkontrollierten Einbruch der viktorianischen Unterwelt (Eliza und Alfred Doolittle) in seine Privatgelehrtensphäre schützen (vgl. S. 26, 35 f.; S. 42, 33 und S. 46, 17–19). Zwar teilt Higgins seiner Mrs Pearce – in boshafter Übertreibung – die Rolle der bösen Stiefmutter zu, die Eliza/Aschenputtel bestraft, wenn sie nicht sittsam und artig ist (vgl. S. 36, 7 f.); aber als guter Geist des Hauses ist sie auch die erste, noch vor Mrs Higgins, die Eliza gegen Higgins zu schützen sucht und die Frage stellt, was aus ihr nach dem Sprachunterricht werden soll (vgl. S. 34, 15–18 und S. 36, 20–25). Dass sie ihren schwierigen Hausherrn nicht verlässt, liegt daran, dass sie immer wieder Higgins' ‚zupackendem Charme' erliegt, mit dem er auch andere Frauen immer wieder herumkriegt (vgl. S. 102, 4–7).

Alles in allem hat Mrs Pearce als Typus und Nebenfigur eine humane Korrekturfunktion. Durch sie, wie durch Mrs Higgins, sorgt Shaw für Ordnung in einem Stück, das vom Chaos der aufeinander prallenden konträren Ideen und Gefühle bedroht ist.

5 Interpretation von Schlüsselstellen

Im Folgenden geht es um die Interpretation von wichtigen Stellen und Momenten der Komödie. Zuerst wird der Zusammenhang von Dialekt und Akzent im dramatischen Kontext erörtert. Dann wird die satirisch-ironische Zeichnung der Weltsicht des Alfred Doolittle dargestellt. Schließlich wird gezeigt, wie sich Eliza Schritt für Schritt von Higgins befreit und ihre Unabhängigkeit erlangt.

Dialekt und Akzent als Gestaltungselemente der Komödie (Akte 1–3)

Ein Dialekt, deutsch Mundart, ist eine örtliche oder landschaftlich begrenzte regionale Variante einer Sprache. Ein Soziolekt bezeichnet die sprachlichen Besonderheiten einer bestimmten sozialen Gruppe, die sich durch außersprachliche Gemeinsamkeiten wie Beruf, Alter etc. auszeichnet und/oder durch die Zugehörigkeit zu einer bestimmten gesellschaftlichen Schicht oder Klasse. Shaw benutzt in Pygmalion den Londoner Dialekt des Cockney, die Sprache der Unterschichten Londons, um seine These zu beweisen, dass Sprechern, die einen solchen Dialekt/Soziolekt sprechen, der soziale Aufstieg verwehrt ist. Shaw will zeigen, dass es möglich ist, ein menschliches Wesen zu ändern "by creating a new speech for her. It's filling up the deepest gulf that separates class from class and soul from soul" (S. 67, 12–14). Dabei spielt die Aussprache, der Akzent, eine entscheidende Rolle:[22]

Dialekt (Soziolekt)	Akzent
Aussprache (Phonetik) Wortschatz und Idiomatik Grammatik und Satzbau	Aussprache (Phonetik)

In *Pygmalion* ist das Londoner Cockney-Blumenmädchen Eiza Doolittle ein authentischer sozialer und sprachlicher Typus, dessen Aussprache, Grammatik, ausdrucksstarker Wortschatz und Satzbau als komischer Kontrast zum Konversationsdialog der höheren Schichten dient.

MOTHER: *How do you know that my son's name is Freddy, pray?*

THE FLOWER GIRL: *Ow, eez yə-ooa san, is e? Wal, fewd dan y'də-ooty bawmz a mather should, eed now bettern to spawl a pore gel's flahrzn than ran awy athaht pyin. Will ye-oo py me f'them? (S. 13, 7–10)*

(Standardenglisch: *Oh, he's your son, is he? Well, if you had done your duty by him as a mother should, he would know better than to spoil a poor girl's flowers and then run away without paying.*)

‚Cockney' ist der Name für den Londoner aus dem Volke, insbesondere für jemanden, der im Ostteil von London aufgewachsen ist. Der Cockney-Dialekt konnte sich frei entwickeln und ist vor allem lautlich eine Weiterentwicklung der fixierten Hochsprache, des Standard English (StE). So wird z. B. StE [ai] zu [ɔi] in Wörten wie *bright, right, nice, price.* Im Folgenden werden einige wichtige Unterschiede zwischen der Hochsprache und Elizas Cockney (StE → Cockney) aufgezeigt:

- Veränderung der Vokale und Diphthonge (Kombination zweier Vokale): *Oh* [əu] → *ow* [au]; *son* [sʌn] → *san* [sæn]; *spoil* [spɔil] → *spawl* [spɔ:l]; *girl* [gɜ:l] → *gel* [gel]; *flower* [flauə] → *flahr* (pl. *flahrzn*) [flɑ:ʳ]; *away* [əwei] → *awy* [əwai],
- Kontraktionen wie *bawms* (by him as),
- zusätzliche Laute wie in *flahrzn* oder *bettern*,
- das Auslassen des ‚h' vor Vokalen, *'eez (he's), 'eed (he had, he'd),*

- Verlängerung der Vokale und Diphthonge, z. B. in *your* [juəʳ] → *yə-ooa* [jəu:ə] und *you* [ju:] → *yə-oo* [jəu:],
- verkürzte Satzstellung: Nach *bettern* fehlt ein *than* und nach *flahrzn* müsste ein *and* eingefügt werden.

In der ersten Szene gelingt Shaw die realistisch-komische Präsentation verschiedener Klassen allein durch die Sprache. Bildhafte unkonventionelle Ausdrücke des Slang (umgangssprachliche, z. T. sehr saloppe Ausdrucksweise von bestimmten Gruppen, Berufen oder Schichten der Gesellschaft) charakterisieren die Umherstehenden sprachlich und zugleich sozial. Ein *toff* ist ein reicher, feiner Pinkel, ein Gentleman, wobei aus der Sicht der Umherstehenden eine aggressive Nuance der Klassendistanz mit enthalten ist: "Hear him [Higgins] tell the toff [Pickering] where he come from?" (S. 17, 23). Ähnlich ist es mit dem auf Higgins bezogenen "She [Eliza] thought you [gemeint ist Professor Higgins] was a copper's nark" (S. 15, 18). Das Wort *copper* bedeutet Polizist und *nark* (‚Nase' in der Sprache des fahrenden Volkes) ist die Nase des Polizisten, der sich als Spitzel betätigt, was für Higgins natürlich nicht zutrifft. Ein weiteres Beispiel für diese ausdrucksstarken Bilder der Cockneysprache ist Elizas abschließendes Urteil über Higgins, als er ihr klarzumachen versucht, dass sich liebestolle Männer ihretwegen gegenseitig totschießen würden, wenn er mit ihr fertig wäre (S. 32, 35/36).

> ELIZA [rising and squaring herself determinedly]: *I'm going away. He's off his chump, he is. I don't want no balmies teaching me."* (S. 33, 2–3)

Der Ausdruck *to be off one's chump [block of wood; fool, blockhead]* mit den Bedeutungen „to be wild with excitement" und „to be out of one's right senses" und das Wort *balmy* (Bekloppter) – eigentlich *barmy*, Slang für ‚verrückt'– zeigen unmittelbare Wirkung bei Higgins. Er ist zutiefst verletzt ob Elizas Unempfänglichkeit für sein Pathos und will sie auf der Stelle hinauswerfen (S. 33, 4–6)

Das sprachliche Verhalten der beiden Protagonisten Eliza und Higgins ist vorerst dadurch charakterisiert, dass Higgins lange Zeit eine von seiner Sicht abweichende Selbstdefinition Elizas nicht zulässt. So ist Elizas **stereotype** (abgedroschene) **Floskel** "I'm a good girl, I am!" Ausdruck ihres ständigen Bemühens, anständig zu sein und zu bleiben, nicht der Prostitution beschuldigt zu werden oder in diesem Sinne ausgenutzt zu werden (vgl. auch Kap. 4, S. 49/50). Damit kann sie Professor Higgins allerdings nicht beeindrucken, zumal er keine unehrenhaften Absichten hat. Das Stereotyp, das Eliza benutzt, verkennt die Herrschaftsnatur der Dialogbeziehung, in der sie sich befindet. Kein Wunder, dass es Higgins gelingt, Sprechen und Sprecherziehen auf die von ihm beabsichtigte Automatik zu reduzieren:

> PICKERING: *(...) Does it occur to you, Higgins, that the girl has some feelings?*
>
> HIGGINS: *(...) Oh no, I dont think so. Not any feelings that we need bother about.* [Cheerily] *Have you, Eliza?*
>
> LIZA: *I got my feelings same as anyone else.*
>
> HIGGINS [to Pickering, reflectively]: *You see the difficulty?*
>
> PICKERING: *Eh? What difficulty?*
>
> HIGGINS.: *To get her to talk grammar. The mere pronunciation is easy enough.* (S. 34, 4–12)

Higgins' arrogante Antwort auf Pickerings Frage, in der der sarkastische Frageton des „have you" auffällt, ruft den sprachlich inkorrekten Widerspruch Lizas hervor. In Higgins' nächster Frage, in der die negative Wertung von Elizas falscher Äußerung schon mitschwingt, reduziert Higgins die zwischenmenschlich-soziale Frage auf die der Wohlgeformtheit von Sätzen.

Dass das Problem Eliza nicht mit Sprechübungen allein zu lösen ist, zeigt auch die von Shaw nachträglich eingefügte Unterrichtsszene. Sie vermittelt uns ein Bild davon, welche Folgen

Audrey Hepburn als Eliza in dem Musical-Film *My Fair Lady*.

repressives sprachliches Verhalten des Lehrers für den Schüler haben kann (vgl. S. 52, 27 bis S. 54, 12).

Eine sprachlich-komische Glanzszene von *Pygmalion* ist Elizas Prüfung während der ‚vornehmen' Teegesellschaft bei Mrs Higgins. Eliza ist nach der letzten Mode gekleidet und – „speaking with pedantic correctness of pronunciation and great beauty of tone" (S. 61, 1/2) – bemüht sich dreimal besonders um die Aussprache des ‚h' in *How do you do*. Das Publikum erwartet dreimal, dass sie scheitert, aber sie spricht perfekt und ohne Akzent. Dann kommt Mrs Higgins auf das Wetter zu sprechen und Eliza sagt ihren auswendig gelernten Wetterbericht auf, dessen sprachliches Register (hier: Wortschatz, Sprachebene) im komischen Kontrast zur Pseudovornehmheit der Situation steht und Freddy (und mit ihm die Zuschauer) zum Lachen bringt (vgl. S. 62, 1–6). Für das folgende, von Mrs Eysnford Hill ins Spiel gebrachte Konversationsthema, die Gesundheit, hat Eliza keinen vorbereiteten Text mehr parat. Die ‚mechanische Sprechpuppe' ist für das neue Thema nicht mehr programmiert. Über die vornehme Aussprache schieben sich falsche Grammatik und ausdrucksstarke Idiomatik des Cockney-Unterschichtmilieus. Elizas hochfliegende Eleganz und Grazie kontrastieren mit der unerquicklichen Thematik: ihrer Cockney-Welt von Armut, Krankheit, Alkoholismus, Ehebruch, Mord und Diebstahl (vgl. S. 62, 15 –

S. 63, 15). So informiert sie ihr Publikum, ihre Tante sei angeblich an Grippe gestorben und sagt dann völlig ernst:

> LIZA [in the same tragic tone]: *But it's my belief they done the old woman in.* (S. 62, 12/13)

Einmal in Form fährt sie mit ihren Anschuldigungen fort:

> LIZA: *(...) What become of her new straw hat that should have come to me? Somebody pinched it; and what I say is, them as pinched it done her in.* (S. 62, 23–25)

Die Teegesellschaft ist schockiert, der Zuschauer amüsiert, da man das Wort *pinch* (Slang für *steal*) vielleicht noch kennt, mit *do s. o. in* aber überfordert ist, weswegen der Sprachexperte Higgins gleich dolmetscht : "Oh, that's the new small talk. To do a person in means to kill him" (S. 62, 27/28). „What become of her ..." müsste wohl eher „what has become [*oder* what became] of her ..." heißen und „them as pinched it" müsste grammatisch korrekt „those who stole it" und „they done the old woman in" „they killed the old woman (did the old woman in)" lauten. Mit seiner Smallltalk-Bemerkung scheint Higgins den Tag gerettet zu haben. Als es ihm gelingt, Eliza kurz vor der Fortführung ihrer Geschichten zum Gehen zu bewegen (vgl. S. 63, 20–22) atmet das Publikum auf. Aber wenig später, beim Abschied, fragt Freddy Eliza, ob sie durch den Park gehe. Niemand rechnet mehr mit einem weiteren sprachlichen Unfall. Doch dann erfolgt der **Lapsus** (Fehlleistung, Schnitzer):

> ELIZA [perfectly elegant diction]: *Walk! Not bloody likely.* [Sensation] *I am going in a taxi.* (S. 63, 32/33)

Er stellt den Höhepunkt dieser komischsten Szene des Stücks dar. Die Komik liegt in der Unvereinbarkeit von Diktion (eleganter Ausdrucksweise) und Inhalt, denn das Fluchwort *bloody* ist gesellschaftlich tabu und mit der Sprechsituation, den Gepflogenheiten vornehmer englischer Teegesellschaften, nicht vereinbar (vgl. hierzu auch die Rezeptionsgeschichte, S. 75). Zum Schluss wird dieser ‚soziolinguistische' Höhepunkt der äußeren

Handlung noch einmal verstärkt durch Clara Eynsford Hill, als sie Higgins' grimmig-sarkastische Provokation, den neuen Smalltalk auf den weiteren Besuchstagen anzuwenden, wörtlich nimmt:

> CLARA [all smiles]: *I will. Goodbye. Such nonsense, all this early Victorian prudery!*
> HIGGINS [tempting her]: *Such damned nonsense!*
> CLARA: *Such bloody nonsense!* (S. 64, 29–32)

In ihrer beschränkten Pseudovornehmheit und Blasiertheit kopiert sie Eliza, verkennt dabei den negativen gesellschaftlichen Stellenwert des Ausdrucks *bloody* völlig und tritt ab, „conscious of being thoroughly up to date" (S. 64, 34/35).

Was Eliza anbetrifft, so hat die phonetische Erziehung die ‚Fehler' auf der Ebene des Wortschatzes und der Grammatik noch nicht ausbügeln können, aber ihre Prüfung hat sie insgesamt bestanden, da die Eynsford Hills in ihrem übergroßen Eifer, alles nachzuahmen, was in Gesellschaft gesagt und getan wird, die Mängel von Elizas Sprache gar nicht wahrgenommen haben. Nur Mrs Higgins hat das Problem erkannt.

> *MRS HIGGINS: You silly boy* [Higgins], *of course she's not presentable. She's a triumph of your art [as a phonetic expert] (...); but if you suppose for a moment that she doesn't give herself away in every sentence she utters, you must be perfectly cracked about her* [verrückt, was sie anbetrifft]. (S. 65, 31–35)

Eliza kann aufgrund ihrer mangelnden sprachlich-inhaltlichen und kulturellen Bildung die Rolle einer Lady noch nicht ganz ausfüllen. Und Higgins kann durch seine sprachliche Überlegenheit, die ihm sein Status als Bildungsaristokrat und Phonetiklehrer ermöglicht, das Bedürfnis Elizas nach gleichberechtigter Teilhabe am Gespräch insgesamt niederhalten. Aber auch dies wird sich im letzten Block der Komödie (ab Akt 4) ändern.

Alfred Doolittle und die ,middle class morality'

Alfred Doolittle, wie auch seine Tochter Eliza, sind die beiden Figuren in *Pygmalion*, deren soziale und sprachliche Typisierung am deutlichsten ist. Alfred Doolittle steht als Typus für den Londoner Cockney, dessen Klassenbewusstsein eine bestimmte Sprechweise entspricht. Sein „Morning Governor [Chef]" (S. 43, 24) mit dem er Higgins begrüßt, oder der Ausdruck „your missus [vulgär für *wife, woman*, dt. etwa ,Alte'] here" (S. 46, 16), ist eine soziale und sprachliche Unangemessenheit. An diesen Ausdrücken wird eine für den englischen Arbeiter zur Zeit Shaws gängige Zweiteilung der Welt deutlich, und zwar in *them, the people at the top* und *us*, die ganz unten. Auch Doolittles Sprechweise zeichnet sich durch Abweichungen von der Standardsprache aus. Typisch sind die doppelte Verneinung in "she didn't want no clothes" (S. 45, 24), die mangelnde Entsprechung von Verbform und Substantiv in "I ask you, what was my feelings" (S. 45, 13), die falsche Verbform in "she's growed big enough" (S. 48, 9) oder ein verkürztes Wort wie *agen* [against] (S. 47, 28). Der gerissene Cockney und Gelegenheitsmüllkutscher ist darüber hinaus ein gewiefter Rhetoriker. Seine Rednergabe dient ihm als lukrative Nebenerwerbsquelle:

> PICKERING: *What is his trade, Eliza?*
>
> LIZA: *Talking money out of other people's pockets into his own. His proper trade's a navvy* [Erdarbeiter]; *and he works at it sometimes too – for exercise – and earns good money at it. (...)* (S. 51, 32–35)

Seine Tochter will er verkaufen, um einem Gentleman wie Professor Higgins einen Gefallen zu tun. Auf die Frage Colonel Pickerings: "Have you no morals, man?" antwortet er:

> *Doolittle* [unabashed, (dt. unbeeindruckt, dreist)]: *Cant afford them, Governor. Neither could you if you was as poor as me. Not that I mean any harm, you know. But if Liza is going to have a bit out of this, why not me too?* (S. 47, 12–16)

Das ökonomische Motiv (der Verkauf Elizas an Higgins) ist für Doolittle wichtiger als das sexuelle, das er Higgins unterstellt, um einen anständigen Preis zu bekommen. Aber beide gehören natürlich in seiner Vorstellungswelt zusammen, denn die mittellose Eliza kann nichts anderes in den ‚Handel' einbringen als ihren Körper. Und dafür sollte Higgins schon etwas auf den Tisch legen (vgl. auch S. 46, 31 – S. 47, 3).

Doolittles Rednergabe zeigt sich besonders in seiner ‚Vorlesung' über das Wesen der Moral der Mittelschichten. Seine Rede ist an der Wertewelt der Mittelklasse orientiert, obwohl er eigentlich mit ihrer Moral nichts zu tun haben will. Aber Shaw belässt es nicht dabei: Doolittles Text ist durch **verfestigte Vorstellungen** gekennzeichnet, die beispielhaft dafür sind, wie das Verhaftetsein in bestimmten Denk- und Handlungsweisen den Weg zur kritischen Überprüfung der eigenen Position in der Gesellschaft verstellen kann, und wie geschickt der Dramatiker solche Haltungen der Aufdeckung entgegentreiben lässt:

> DOOLITTLE: *(...) What am I, Governors both? I ask you, what am I? I'm one of the undeserving poor* [unwürdige Arme, die kein Mitleid verdienen]: *thats what I am. Think of what that means to a man. It means that he's up agen* [against] *middle class morality all the time (...). What is middle class morality? Just an excuse for never givin me anything. Therefore, I ask you, as two gentlemen, not to play that game on me. (...) I aint pretending to be deserving. I'm undeserving; and I mean to go on being undeserving. I like it; and thats the truth. Will you take advantage of a man's nature to do him out of the price of his own daughter (...)? Is five pounds unreasonable? I put it to you; and I leave it to you.* (S. 47, 26 – S. 48, 11; Unterstreichungen vom Verfasser der Interpretationshilfe)

Die Befürchtung, dass man ihm einen gerechten Preis für seine Tochter verweigern könnte, ist typisch für den Vater, der sich nie um seine uneheliche Tochter gekümmert hat. Lüge, Unaufrichtigkeit und versteckte Drohung charakterisieren dieses rhetorische Meisterstück. Wichtig ist dabei der ironische Grundtenor der Rede, dessen Ursprung man in der Verstellung des Sprechers und zugleich der satirischen Absicht des dramatischen Autors sehen muss: nämlich eine inhaltliche Relativierung und **Konversion** (Umkehrung, Umwertung) **der middle class morality** herbeizuführen. Doolittle gehört zu den Armen, die keine Almosen bekommen, weil sie nichts tun und sie folglich auch nicht verdient haben. Auf die sozialen Klassenunterschiede reagiert Doolittle mit Fatalismus. Davon zeugen die Ausdrücke *undeserving poor, I like it, that's the truth* und *a man's nature.* Seine Bedeutung für das Drama gewinnt Doolittle durch die rückhaltlose Darstellung seiner verkürzten Vorstellungswelt, innerhalb derer er seine Armut und seine sozialpolitische Passivität zu rechtfertigen versucht. Seine ‚Philosophie', so meint Doolittle, sei der Politik, der Religion und den Sozialreformen, „same as all the other amusements", vorzuziehen:

> *DOOLITTLE (...) Undeserving poverty is my line. Taking one station in society with another, it's – it's – well, it's the only one that has any ginger in it, to my taste.* (vgl. S. 48, 16–22)

Welchem gesellschaftlichen Stand man auch zugehört, der der unverdienten, unwürdigen Armut ist der einzige ‚mit Pfeffer drin'. Diese Armutsphilosophie wird dann auch durch eine unvorhergesehene Erbschaft in Höhe von 3 000 Pfund jährlich in ihren Grundfesten erschüttert. Dies ist einer der ‚dramatischen Tricks' Shaws, die er vom Melodrama übernommen hat und mit denen er die weltanschauliche Konversion vieler seiner Figuren in die Wege leitet. Die Summe stammt aus dem „Pre-digested Cheese Trust" (S. 90, 26) eines reichen Amerikaners, der das Geld dem „most original moralist at present in England" (S. 90, 16) – so hatte Higgins Doolittle dem amerikanischen Millionär beschrieben – vermacht. Bedingung ist aber, dass Doolittle Vorlesungen im Auftrage der „Wannafeller (= Rockefeller?)-Moral Reform World League" (S. 90, 28) hält. Die grotesk-ironische Umkehrung seiner Lage bereitet ihm echte Gewissenspein:

> *MRS HIGGINS: But what has my son done to you, Mr Doolittle?*
>
> *DOOLITTLE: Done to me! Ruined me. Destroyed my happiness. Tied me up and delivered me into the hands of middle class morality.* (S. 89, 36 – S. 90, 3)

Als Angehöriger der *undeserving poor* ohne festes Einkommen hatte Doolittle sich noch in dem Glauben relativer Unabhängigkeit wähnen können:

> *DOOLITTLE (...) It is making a gentleman of me that I object to. (...) I was happy. I was free, I touched pretty nigh everybody for money* [ging praktisch jeden um Geld an] *(...) Now I am worrited* [worried]*; (...) and everybody touches me for money. (...) A year ago I hadn't a relative in the world except two or three that wouldn't speak to me. Now I've fifty, and not a decent week's wages among them. I have to live for others and not for myself: thats middle class morality. (...)* (S. 90, 35 – S. 91, 16)

In seinem früheren Stand als unwürdiger Müllmann war Doolittle in der Lage, als ‚freier' Mann jeden ‚anzupumpen'; jetzt, als reicher Gentleman, wird er von den gleichen Schnorrern ohne anständiges Einkommen angepumpt, zu denen er gehörte. Nach seinem gesellschaftlichen Aufstieg in die Klasse der **undeserving** oder **idle rich**, der reichen Parasiten der Gesellschaft, deren Geld nicht aus eigener Hände Arbeit stammt, ist er am Boden zerstört und eingeschüchtert, da er auf das geschenkte Geld nicht verzichten kann.

> *DOOLITTLE (...) We're all intimidated. (...) What is there for me if I chuck* [infml. throw away, do without] *it but the workhouse in my old age? (...) If I was one of the deserving poor and had put by a bit, I could chuck it, (...) But I, as one of the undeserving poor, have nothing between me and the*

> *pauper's* [very poor person] *uniform but this here blasted three thousand a year that shoves me into the middle class.* (S. 91, 30 – S. 92, 2)

Seine Wahl ist die „between the Skilly of the workhouse and the Char Bydis of the middle class“ (S. 92, 4–6), zwischen der Skylla des Arbeits- und Altenheims und der Charybdis der Moral der Mittelschicht, dem *chief artificial system* der englischen Gesellschaft[23], dem er sich nicht entziehen kann. ‚Eingeschüchtert‘ durch die *middle class morality* (vgl. S. 98, 23–25) heiratet er auch seine letzte Geliebte und lädt zu einer standesgemäßen Hochzeit ein.

Seine Kardinalsünde ist, dass er auch jetzt nichts oder nur wenig tut und dass er im Grunde unverantwortlich und unfähig zu ehrlicher Arbeit ist.

Mit dem Charakter Doolittles kommentiert Shaw mit jener für ihn typischen Mischung von Ironie und Sarkasmus das Phänomen des **sozialen Aufstiegs** und das moralisch wie politisch gespaltene Bewusstsein, mit dem sich Aufsteiger ihre ‚höhere‘ Position oft erkaufen. Der Zuschauer erfährt nicht nur, dass viel Geld den Charakter verderben kann, vor allem dann, wenn man es nicht selbst verdient hat, sondern auch, dass man sich den sozio-kulturellen Normen der Klasse, in die man ‚aufsteigt‘, anpassen muss und das sogar, wie Alfred Doolittle in einem Anflug von Selbstironie feststellt, in der Sprechweise:

> DOOLITTLE: *(…) I have to live for others and not for myself: thats middle class morality (…). I'll have to learn to speak middle class language from you Higgins, instead of speaking proper English* [i. e. Cockney]. *Thats where youll come in; and I daresay thats what you done it for.* (S. 91, 15–22)

Doolittle gehört zu den Unterschichtcharakteren, die umso glaubhafter wirken, je mehr sie sich in ihrer Unglaubwürdigkeit durch die Sprache und in der Sprache zu erkennen geben und so noch im ‚Scheitern' die ironisch-kritische Grundhaltung des Dramatikers unterstreichen.

Im Gegensatz zu ihrem Vater macht Eliza Doolittle eine in ihrer Persönlichkeit gründende echte Wandlung durch. Während Doolittles Karriere einen bloß äußerlichen, auf dem Geld fußenden unechten Wandel darstellt, ist das Problem Eliza dramatisch und gesellschaftlich völlig offen geblieben. Während in Doolittles Entwicklung das Streben nach menschlicher und sozialer Integrität fast zur Farce wird, bleibt Elizas Anspruch auf menschliche und soziale Gleichberechtigung als gesellschaftliche Chance bestehen.

Identitätskrise und Selbstfindung im dramatischen Dialog

Identitätskrise oder ‚the birth of a soul'
Eliza hat ihre zweite große Prüfung als Lady auf der Botschaftsparty mit Bravur bestanden.

Nach den Gesetzen der populären *soap operas* ist die Handlung damit abgeschlossen. Higgins und Eliza könnten heiraten und glücklich sein.

Aber Shaw hat ein anderes Ende vorgesehen. Mrs Higgins hatte schon vor der Botschaftsparty vorausgesagt, dass ihr Sohn um „the problem of what is to be done with her afterwards" (S. 69, 4/5) nicht herumkommen werde. Die Peripetie *(peripety)*, die Wende oder die Umkehrung, vorbereitet im zweiten Teil des dritten Aktes (vgl. auch S. 69, 4–11), erfolgt nach dem Beginn des vierten Aktes (S. 75, 10 f.). Man kann den vierten Akt als ‚**the arousing of Eliza's resentment**', die aus der Krise entstehende ‚**birth of a soul**' sehen.[24]

Vorerst schreiben sich Higgins und Pickering – sie sind gerade mit Eliza von der Party nach Hause gekommen – in beispielloser Ignoranz und Arroganz den Erfolg der Wette allein zu. Eliza, die für die beiden nicht zu existieren scheint, muss frustriert mit anhören, dass das Ganze im Grunde sinnlos und langweilig gewesen sei. Als Higgins zum zweiten Mal verzweifelt seine Hausschuhe sucht, kann Eliza nicht mehr an sich halten und wirft sie ihrem ‚Herrn' wutentbrannt ins Gesicht:

HIGGINS [astounded]: *What on earth –!* [He comes to her.] *Whats the matter? Get up.* [He pulls her up.] *Anything wrong?*

LIZA [breathless]: *Nothing wrong – with y o u . Ive won your bet for you, havnt I? Thats enough for you. I dont matter, I suppose.*

HIGGINS: *You won my bet! You! Presumptuous insect! I won it. What did you throw those slippers at me for?*

LIZA: *Because I wanted to smash your face. I'd like to kill you, you selfish brute. Why didnt you leave me where you picked me out of – in the gutter? (...)* (S. 78, 3–12)

Die Abfolge der Repliken, in denen der eine immer die Argumente des anderen negiert oder verwirft, macht das Bedrohliche des Dialogs deutlich. Hervorgehoben sei die emphatisch abwertende Wiederholung Higgins' "you won my bet! you!", sein beleidigender Vergleich Elizas mit einem unverschämtem Insekt oder die aggressive Reaktion Elizas, "because I wanted to smash your face" sowie ihr Wunsch, ihn zu töten. Higgins versteht die Frage Elizas nach ihrer sozialen Identität nicht, ja sie ist ihm gleichgültig (vgl. S. 78, 12–24). Eliza stellt eine Reihe solcher **‚Identitätsfragen'**:

LIZA [pulling herself together in desperation]: *What am I fit for? What have you left me fit for? Where am I to go? What am I to do? Whats to become of me?* (S. 79, 27–29)

Doch Higgins sieht diese Fragen nicht als Identitätskrise der Person Eliza, als Ausdruck ihrer Verzweiflung und Ratlosigkeit, sondern als Wunsch nach finanzieller Absicherung durch Einheirat in die gehobenen Gesellschaftsschichten (vgl. S. 80, 16/17). In der Reaktion Elizas auf Higgins' Ideen kommt die Unangemessenheit der für sie vorgesehenen Rolle zum Ausdruck:

LIZA: I sold flowers. I didnt sell myself. Now youve made a lady of me I'm not fit to sell anything else. I wish youd left me where you found me. (S. 80, 20–23)

Beide ‚Rollen', die des bettelnden Straßenmädchens und die der mittellosen Lady, die sich auf dem Heiratsmarkt der besseren Gesellschaft als Ware anbietet, sind für Eliza jetzt fragwürdig geworden. Und sie möchte jetzt wissen, welchen Status sie im Hause Higgins hat, was ihr gehört und was nicht, damit sie nicht des Diebstahls bezichtigt werden kann.

Bei Higgins, „deeply wounded" (S. 81, 20), trägt ihr dies den Vorwurf eines Mangels an Gefühl ein. Darauf ihre klare Feststellung: "(...) There cant be any feelings between the like of you and the like of me. (...)" (S. 81, 23/24). Sie gibt Higgins den geliehenen Schmuck und den Ring, den sie von ihm erhielt, zurück. Er wirft ihn wütend in den Kamin und geht so drohend auf Eliza zu, dass sie befürchtet, geschlagen zu werden:

LIZA: (...) Dont you hit me.

HIGGINS: Hit you! (...) It is you who have hit me. You have wounded me to the heart.

LIZA [thrilling with hidden joy]: *I'm glad. I've got a little of my own back anyhow.* (S. 82, 5–10)

Higgins ist zutiefst innerlich berührt. Plötzlich zeigt er Gefühl und ist in diesem Moment Eliza unterlegen. Sie hat ihm endlich einmal etwas zurückgegeben von dem, was sie von ihm zu erdulden hatte. Aber in diesem Augenblick der Hilflosigkeit Higgins' vollzieht sich auch der Bruch. Beide trennen sich im Zorn. Für Higgins ist Eliza eben doch nur „a heartless guttersnipe" (S. 82, 20), eine herzlose Gossenschlampe.

Selbstfindung oder ‚the battle of wills'

Ausgelöst durch die Identitätskrise Elizas steht im fünften Akt das kommunikative Verhältnis der beiden Protagonisten zur Debatte. Higgins – er glaubt, Eliza sei davongelaufen – trifft sie, ohne damit zu rechnen, im Hause seiner Mutter wieder. Wie immer brüsk und rücksichtslos, nimmt er die geänderte Dialogkonstellation nicht wahr und es bedarf eines direkten Hinweises Elizas, um ihn darauf aufmerksam werden zu lassen:

LIZA [to Pickering]: *I should like you to call me Eliza, now, if you would.*

PICKERING: *Thank you. Eliza, of course.*

LIZA: *And I should like Professor Higgins to call me Miss Doolittle.*

HIGGINS: *I'll see you damned first.*

MRS HIGGINS: *Henry! Henry!* (S. 97, 16–21)

Higgins, dem es nur um das Gelingen eines Sprachexperiments ging, nicht um den Menschen Eliza, sieht sich von anmaßender Vertraulichkeit auf formale Distanz verwiesen, was er sofort wieder mit einem Fluch quittiert. Oberst Pickering, ein Gentleman, der Eliza als Person achtet und der sie das Benehmen einer wahren Dame lehrte (vgl. auch S. 96, 27–33 und S. 97, 5–13), erhält das vertrauliche Du angeboten. Diese im Dialog vorgenommene Umverteilung der Anredeformen weist auf den nicht mehr harmonisierbaren Konflikt der beiden Protagonisten hin. Die auf kritischem Selbstbewusstsein und auf veränderter Weltsicht fußende Kommentierungsfähigkeit Elizas macht es Higgins unmöglich, weiterhin unbeschwert die Rolle des *upper class bully* zu spielen. Seine verallgemeinernde **Sentenz**, "the great secret, Eliza, is not having good manners or any other particular sort of manners, but having the same manner for all human souls (...)" (S. 101, 2–5), mit der er den realen Konfliktfall verdecken zu können glaubt, wird denn auch entsprechend bewertet.

LIZA: *Amen. You are a born preacher.* (S. 101, 8)

Diese Stellungnahme irritiert Higgins so, dass er gleich wieder in seine tyrannisierende Art zurück verfällt (vgl. S. 101, 9/10), worauf Eliza selbstsicher ihre **Forderung nach Gleichberechtigung** anbringt:

LIZA [with sudden sincerity]: *I dont care how you treat me. I dont mind your swearing at me (...) But* [standing up and facing him] *I wont be passed over* [übergangen, überfahren werden].

HIGGINS: *Then get out of my way; for I wont stop for you. You talk about me as if I were a motor bus.*

LIZA: *So you are a motor bus: all bounce and go, and no consideration for anyone. But I can do without you: dont think I cant.*

HIGGINS: *I know you can. I told you you could.*

LIZA [wounded ...]: *I know you did, you brute. You wanted to get rid of me.*

HIGGINS: *Liar.*

LIZA: *Thank you.* [She sits down with dignity.]

HIGGINS: *You never asked yourself, I suppose, whether I could do without you.*

LIZA [earnestly]: *Dont you try to get round me. Youll have to do without me.*

HIGGINS [arrogant]: *I can do without anybody. I have my own soul (...)* (S. 101, 11–30)

Der Ton liegt auf Elizas Feststellung und Aufforderung: Ich möchte von nun an nicht mehr, dass man mich übergeht, über mich hinweggeht. Higgins' Repliken werden von Eliza in ihrer Widersprüchlichkeit erkannt. Er versucht, sein aggressives Verhalten zu rechtfertigen, aber Eliza durchschaut seine Strategie. Ihre konternden Wiederholungen und Entwertungen der Person Higgins' zeigen es. Die Situation eskaliert in abwechselnden Vorwürfen und negativen Wertungen der Dialogpartner. Die Auseinandersetzung um das Ohne-den-andern-Auskommen wird in wechselnden situativen Verkleidungen bis zum Schluss des Stückes geführt. Higgins kann das Problem der **dialogischen Gleichheit**, das sich ihm als soziales und gesellschaftliches Problem darstellt, nicht mehr umgehen. Und er vermag es durch wiederholte Ausflüge in den Bereich hypothetischer Ideale, die bei ihm immer dann zum Tragen kommen, wenn es ungemütlich für ihn wird, ebenso wenig zu lösen:

> HIGGINS: *I care for life, for humanity; and you are a part of it (...). What more can you or anyone ask?*
>
> LIZA: *I wont care for anybody that doesnt care for me.*
>
> HIGGINS: *Commercial principles, Eliza. Like* [reproducing her Covent Garden pronunciation with professional exactness] *s'yollin voylets* [selling violets], *isnt it?*
>
> ELIZAS: *Dont sneer at me. It's mean to sneer at me.* (S. 102, 8–15)

Higgins versucht noch einmal, die Forderung des ehemaligen Blumenmädchens nach Unabhängigkeit als Ausdruck von Krämergeist zu verurteilen. Eliza sieht den Hohn und den Zynismus dieser Äußerung. Was nützt ihr die Sympathie Higgins' für die Menschheit, seine Verachtung für Krämergeist und seine Weigerung, mit Gefühlen Geschäfte zu machen (vgl. S. 102, 16–19), wenn es im Menschlichen von Person zu Person nicht klappt?

Deswegen verkehrt sich auch die im Rahmen von Tradition und Konvention erwartete Lösung des Stücks ins Gegenteil. Nach ihrer im Dialog durchgesetzten Unabhängigkeit reformuliert Eliza die Problematik der Komödie: die ihrer fortwährenden realen Abhängigkeit. Und Higgins nimmt in der ironischen Umkehrung seiner anti-kommerziellen Prinzipien (s. o.) wieder Zuflucht zu den erprobten kommerziellen Lösungen der englischen Oberschicht:

> LIZA: *Oh! if I only could go back to my flower basket! I should be independent of both you and father and all the world! Why did you take my independence from me? Why did I give it up? I'm a slave now, for all my fine clothes.*
>
> HIGGINS: *Not a bit. I'll adopt you as my daughter and settle money on you if you like. Or would you rather marry Pickering?* (S. 103, 20–25)

Der Weg Elizas führt damit zurück zum Ausgangspunkt. Nur stellen sich die Bedingungen ihres früheren Lebens in der ihr jetzt möglichen Reflexion anders dar. Die Lehrzeit bei Higgins hat ihr zur Distanz gegenüber sich selbst und der Gesellschaft, in der sie leben muss, verholfen. Eliza erkennt, dass sie ihre Rolle als Lady auf dem Heiratsmarkt der gehobenen Schichten nicht ausfüllen kann, dass ihr Higgins' Welt aufgrund der „coldness of [his] sort of life" (S. 105, 1) ebenso versperrt ist wie die Welt der Londoner Unterschicht, „the life of the gutter" (vgl. S. 105, 2 und 17).

Für den Ausgang des Dramas ist es unerheblich, dass Eliza Freddy, den liebenswürdigen Nichtsnutz der Eynsford Hills, der ihr keine Sicherheit bieten kann, heiraten will.

Wesentlich ist dagegen, dass Eliza sich als Sprachlehrerin selbstständig machen und als Assistentin des Dolmetschers und Higgins-Schülers Nepommuck arbeiten will. Dies erzürnt Higgins dermaßen, dass er Eliza ergreift, um ihr den Hals herumzudrehen (vgl. S. 106, 3–6). Diese fast melodramatische Zuspitzung des Konflikts ist die Klimax der Komödie.[25] Sie führt zu Elizas Erkenntnis, dass sie ihr Wissen als Lehrerin leicht für 1 000 Pfund pro Schülerin vermarkten kann (S. 106, 15–18). Elizas neue Unabhängigkeit entlockt Higgins zuerst eine weitere wüste Beschimpfung (S. 106, 22) und dann eine durchaus ernst gemeinte Lobeshymne:

> *HIGGINS: (...) By George, Eliza, I said I'd make a woman of you, and I have. I like you like this.* (S. 106, 24/25)

Damit ist alles gesagt. Eliza wird nicht zu Higgins zurückkehren, um ihrem ‚Pygmalion' die Pantoffeln zu holen oder einen neuen Schlips zu besorgen. Der hat zwar erkannt, dass Eliza eine richtige Frau, eine Lady, geworden ist, selbstbewusst und ihm emotional ebenbürtig, ein Turm an Kraft, ein kämpfendes Geleitschiff (vgl. S. 106, 30). Aber sein Egoismus, seine Rücksichtslosigkeit und genialische, gottgleiche Überheblichkeit verhindern eine wirkliche, auf gegenseitiger Toleranz basierende Beziehung (vgl.

auch Shaws Sequel, S. 121, 14–16). Des großen Higgins' Lachen am Ende des Stücks ist kein befreiendes Lachen, sondern das Lachen von jemandem, der zurückgeblieben ist nach einem Experiment, für das er sich mit seiner ganzen Person engagiert hat, dessen unerwarteten Verlauf er jedoch nur teilweise verstanden und verarbeitet hat.

Das Experiment Eliza hätte sicher auch ein tragisches Ende nehmen können, aber Tragik ist bei Shaw in *Pygmalion* nur als Möglichkeit mitgedacht. Der Autor hat die **life-force** (vgl. Anmerkung 2) seiner Charaktere so ausgeschöpft, dass sich die Spannung weder in einem **happy ending** noch in einer Katastrophe löst, sondern den Zuschauer wie bei Bertolt Brecht im positiven Sinne als Fragenden zurücklässt.

Rezeptionsgeschichte

Dass Shaw Probleme haben würde, seine Komödie in der originalen Version über die Zeit zu retten, sieht man schon an den Schwierigkeiten, die er hatte, sein Stück in London zu veröffentlichen und aufzuführen.

Die erste Ausgabe erschien 1913 in deutscher, ungarischer und schwedischer Sprache, ein Raubdruck in den USA, die erste englische Ausgabe erst 1916 bei Constable in London. Die Uraufführung fand nicht in England statt, sondern am 16. 10. 1913 in Wien, und wenig später fand eine weitere Aufführung in Berlin statt. Das Stück wurde großartig aufgenommen und Shaw betrachtete dies als besonders ehrenvoll für die deutsche und österreichische Kultur. Er misstraute den Londoner Theatern, die er als Kritiker nicht gerade nachsichtig behandelt hatte und die ihm deswegen schon oft Steine in den Weg gelegt hatten. Und er sollte Recht behalten. Bis es zur englischen Uraufführung im His Majesty's Theatre am 11. 4. 1914 kam, gab es fast unüberwindliche Schwierigkeiten bei der Inszenierung (Shaw führte mit Regie) und auch, was die Aussprache des ‚Wortes' und das offene Ende der Komödie anbetraf. Man muss dazu wissen, dass *bloody* damals als äußerst vulgär galt und vor allem in den besseren Kreisen tabu war. Am Abend der Uraufführung gab es einen kurzen kollektiven Schock und schließlich minutenlanges Lachen, das die Aufführung fast zu beenden drohte. Im Londoner Blätterwald fanden sich Schlagzeilen wie *Bernard Shaw's Bold Word Spoken*, *Protest by Decency League* und *I See No Objection Says Prime Minister.*[26] Wenig später war es schon Teil des Smalltalks der feinen Londoner Gesellschaft geworden. Sir Herbert Beerbohm, der den Higgins spielte und gegen das ‚Wort' war,

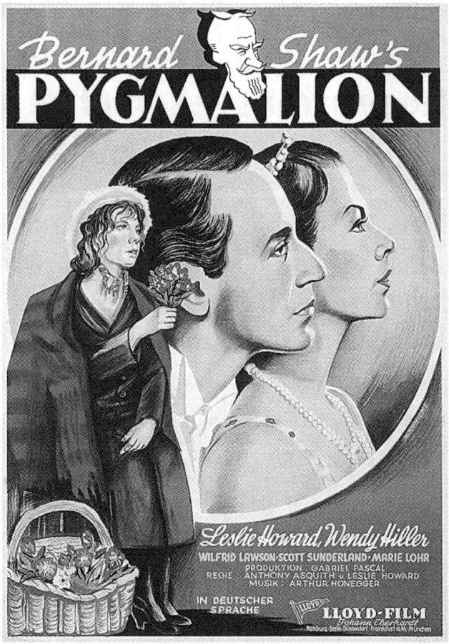

umging Shaws Regieanweisungen souverän und warf Eliza, ganz verliebter Higgins, in der kurzen Pause zwischen dem Ende des Stücks und dem Vorhang, Blumen nach. Denn das Publikum wollte das Liebespaar.

Das Ende von 1916 sah vor, dass Higgins nach dem Abgang Elizas frohgemut mit seinem Geld in der Tasche klimpert. Er ist überzeugt, dass Eliza ihm die gewünschten Handschuhe und den dazu passenden Schlips kaufen wird.[27] Shaw sah, dass er dieses Ende trotz Hinzufügung eines umfangreichen Nachwortes, in dem Elizas Entscheidung gegen Higgins und für Freddy begründet wurde, umschreiben musste, da es zu vieldeutig war. Der neue Schluss sah Freddy nun auch im Drama als Ehemann Elizas vor und Higgins blieb allein zurück. Dies ist die Textversion der englischen und amerikanischen Penguin-Ausgaben von 1941, die bis heute gilt. Sie beinhaltet weitere Änderungen und mit Sternchen markierte Szenen Shaws, die er im Anschluss an das Filmskript zur englischen Filmversion, zwischen 1936 und 1938 entstanden, einfügte.

Es gelang Shaw jedoch nicht, das glückliche Ende im Film zu verhindern, da andere Skriptwriter sein Szenario veränderten und nachher erklärten, Shaw habe das romantische Ende gutgeheißen. Was er aber verhindern konnte, war, dass Franz Lehar aus *Pygmalion* eine Operette machte.

Shaw widerstand auch bis zu seinem Tode allen Versuchen, seine Komödie in ein Musical zu verwandeln. Aber der Film von 1938, er gewann einen Oscar, hatte den Weg für ein Singspiel schon freigegeben. Das Musical-Skript von *My Fair Lady* wurde sechs Jahre nach Shaws Tod im Jahre 1956 veröffentlicht. Shaws Vor- und Nachwort wurden weggelassen und es wurden allenthalben Streichungen, Änderungen und Zusätze an der Originalvorlage vorgenommen. Im Musical führte die phonetische Spracherziehung dann auch automatisch zu einem neuen Menschen. Der von Shaw satirisch-ironische konzipierte Alfred Doolittle wurde in *My Fair Lady* zum komisch überzeichneten, trottelig-amüsanten beschwipsten Outsider, der Angst vor der Heirat hat und dennoch heiratet. Auch Higgins wurde z. T. neutralisiert, sein hemdsärmeliger Slang und das Militärische seiner Sprache unterdrückt. Die sprachliche Gehirnwäsche Elizas wurde abgeschwächt. Eliza sang nach getaner Arbeit in weiblicher Vorausahnung künftigen Liebesglücks "I could have danced, danced, danced all night."[28] Dem entsprach der sentimentale romantische Schluss.

> *Higgins* [softly]: *Eliza? Where are my slippers?*
> *There are tears in Eliza's eyes. She understands. The curtain falls slowly.*[29]

Wenngleich es Shaws Intentionen verwässerte, hatte das Musical wohl wegen der als originell empfundenen Songs trotzdem einen Riesenerfolg und wurde in viele Sprachen der Welt ‚übersetzt'. Der Musicalfilm (1964, mit Audrey Hepburn als Eliza und Rex Harrison als Higgins) wurde ein weiterer Welterfolg und bekam einen Oscar. Damit war Shaw endlich auch Teil des Hollywood-Universums und des modernen Showbusiness geworden. Dass sein *Pygmalion* auch als Vorlage für moderne Theaterstücke und Filme unserer Zeit dienen kann, zeigen Willy Russels ebenfalls verfilmtes Drama *Educating Rita* (1980) und der Film *Pretty Woman* (1988) mit Julia Roberts und Richard Gere in den Hauptrollen.

Bleibt noch die Literaturkritik: Die fairsten und kenntnisreichsten Kritiken *Pygmalions* und des Shawschen Werkes kommen aus dem deutschsprachigen Raum und aus Nordamerika. Shaw hat eine wachsende weltweite Fangemeinde. Wer will, kann sich via Internet über die jährlichen Shaw-Festivals und die wachsende Shaw-Literatur informieren. Fazit: Der Ire Bernard Shaw ist und bleibt neben Shakespeare der am meisten gelesene und aufgeführte britische Dramatiker. Sein Witz und seine Schlagfertigkeit, auch im politischen Bereich, machen aus ihm einen der Großen des 20. Jahrhunderts.

Literaturhinweise

Primärliteratur

SHAW, GEORGE BERNARD: *Pygmalion.* Stark Verlag, Titel-Nr. 250007, Freising 1998.

Mit Zeilennummern und über 500 Erklärungen schwieriger englischer Wörter versehen. Erleichtert die eigene Textarbeit immens. Seiten- und Zeilenangaben (in Klammern) beziehen sich auf diese Ausgabe. Sie ist identisch mit der von Shaw autorisierten Penguin-Ausgabe, Harmondsworth 1946 ff. Die mit *** gekennzeichneten Stellen sind nachträgliche Hinzufügungen Shaws aus dem von ihm geschriebenen Filmszenario aus dem Jahre 1938.

Audio-Kassette: *Pygmalion.* Harper Collins Audiobook-Cassette.

Die Verfilmung von 1938 (mit Wendy Miller und Leslie Howard) ist in den USA als VHS Video (NTSC) erhältlich.

LERNER, ALAN JAY: *My Fair Lady.* Penguin, Harmondsworth 1956 f.

My Fair Lady mit Rex Harrison und Audrey Hepburn ist als VHS-Video und DVD in England bestellbar.

Empfehlenswerte Biografien

HOLROYD, MICHAEL: *Bernard Shaw: The Search of Love. The Pursuit of Power.The Lure of Phantasy.* Chatto & Windus, London 1988–1991.

Umfangreiche Biografie Shaws. Obwohl anspruchsvoll, liest sie sich spannend wie ein Roman. Mit Index und Anmerkungen auf Deutsch erschienen als: HOLROYD, MICHAEL: *Bernard Shaw. Magier der Vernunft. Eine Biografie.* Suhrkamp, Frankfurt 1995.

STRESAU, HERMANN : *G. B. Shaw.* Rowohlt, Hamburg [12]2001.
Enthält eine Zeittafel und eine umfangreiche Bibliografie der Werke Shaws und der wichtigsten englischen und deutschen Sekundärliteratur.

Ausgewählte Sekundärliteratur

BENTLEY, ERIC: *Bernard Shaw.* Applause, New York 2002.
Hervorragende Gesamtwürdigung Shaws. Als Taschenbuch erhältlich.

BERST, CHARLES A.: *Pygmalion. Shaw's Spin on Myth and Cinderella.* (Twayne's Masterwork Series No. 155.) Simon & Schuster, New York 1995. (Taschenbuch)
Interpretation mit sicherem Gespür für historische, literarische, politische und rezeptionsästhetische Zusammenhänge.

BLOOM, HAROLD (Hrsg.): *G. Bernard Shaw's Pygmalion. Modern Critical Interpretations.* Chelsea House, New York 1988.
Beleuchtet *Pygmalion* aus verschiedenen Perspektiven: *Personal play, play of ideas, male chauvinism, women's lib, problematic ending.*

Anmerkungen

1 vgl. Holroyd, Michael: *Bernard Shaw. Magier der Vernunft. Eine Biografie.* Suhrkamp, Frankfurt 1995, S. 106 f.

2 Henri Bergson (1859–1941) wurde durch den Begriff des *élan vital* (Lebenstrieb) für Shaw bedeutsam. Friedrich Nietzsche (1844–1900) und seine Vorstellung vom ‚Übermenschen', dem sich selbst überwindenden Menschen der Zukunft, ist ebenso wie Arthur Schopenhauer (1788–1860) und seine Vorstellung vom Willen als eines Triebes nach Selbst- und Arterhaltung wichtig für Shaws Theorie der *life force*, das schöpferische Prinzip, das Mann und Frau vereint, um den *superman* bzw. die *superwoman* hervorzubringen.

3 Zu den bizarren Umständen dieser Ehrung siehe Holroyd, a. a. O., S. 762 f.

4 vgl. Holroyd, a. a. O, S. 651 f.

5 Berst, Charles A.: *Pygmalion. Shaw's Spin on Myth and Cinderella.* (Twayne's Masterwork Series No. 155.) Simon & Schuster, New York 1995, S. 16

6 Shaw: *Major Critical Essays.* Constable, London 1947, S. 135.

7 vgl. dazu Bentley, Eric: *Bernard Shaw.* Applause, New York 2002, S. 146–148

8 vgl. Bentley, S. 141/142 u. 145–147

9 vgl. Otten: „George Bernard Shaw: Pygmalion". In: Oppel, Horst (Hrsg.): *Das moderne englische Drama.* Schmidt, Berlin ^{2}1966, S. 135

10 vgl. Bentley, S. 145

11 vgl. Publius Ovidius Naso: „Pygmalion". In: ders.: *Metamorphosen*, Buch X. Drei Lilien Verlag, Wiesbaden 1986, S. 249/250

12 Perrault, Charles: *Sämtliche Märchen.* Reclam, Stuttgart 2002

13 Untertitel der Penguin-Ausgabe von 1941 f.

14 Romanze, engl. *romance*, in diesem Sinne ist eine Liebesgeschichte, in der Held und Heldin nach der Überwindung einer Reihe von Hindernissen glücklich vereint sind.

15 vgl. hierzu die entsprechenden Definitionen im *Concise Oxford Dictionary*. Clarendon Press, Oxford [7]1982

16 Shaw: *Man and Superman. Act III.* Penguin, Harmondsworth 1946 f, S. 114

17 vgl. Bentley, S. 59 f.

18 Berst, S. 104

19 vgl. *Oxford Advanced Learner's Dictionary*. Oxford University Press, Oxford 2000, unter ‚snob'

20 vgl. ebd. unter ‚inverted snobbery'

21 Um Ihnen die Lektüre zu erleichtern, sei auf einige sprachliche Eigentümlichkeiten des Shawschen Englisch hingewiesen. Shaw verwendet

- Kurzformen ohne Akzentzeichen:
  don't → dont ain't → aint
  haven't → havnt mustn't → mustnt
  they're → theyre shouldn't → shouldnt
  you'd → youd we've → weve
- archaische Orthografie:
  show → shew
- amerikanische Rechtschreibung:
  colour → color

Die Sprache des Cockneydialekts (Eliza und Alfred Doolittle) enthält eine Reihe von ‚nicht korrekten' Abweichungen von der Standardsprache, die Sie in der Schule lernen. Näheres dazu im Abschnitt ‚Dialekt und Akzent als Gestaltungselemente der Komödie', vgl. S. 55 f.

22 vgl. dazu und zur folgenden Tabelle: John Honey: *Does Accent Matter? The Pygmalion Factor.* Faber & Faber, London [3]1989, S. 2 – Um das Jahr 1900 herum und noch bis in die erste Hälfte des 20. Jahrhunderts hinein war das *King's Eng-*

lish (es wurde in den Public Schools und in Oxbridge gesprochen und war die Sprache der gebildeten Elite Englands) Vorbild für alle. Erst später wurde die PSP *(Public School Pronunciation)* durch die RP (*Received Pronunciation*, Sprache der Gebildeten der *home counties* = „counties surrounding London") und schließlich durch das BBC-English, das von den Nachrichtensprechern der nationalen Radio- und Fernsehstationen Großbritanniens gesprochen wird, abgelöst.

23 Die Skylla ist bei Homer ein sechsköpfiges Seeungeheuer, das in einem Felsenriff der Straße von Messina gegenüber der Charybdis, einem gefährlichen Meeresstrudel, auf vorbeifahrende Seeleute lauert. Sich „zwischen Skylla und Charybdis befinden" bedeutet „sich in einer ausweglosen Situation befinden, in der nur zwischen zwei Übeln zu wählen ist". – Zum ‚chief artificial system' vgl. Bentley, S. 148.

24 vgl. Bentley, S. 145

25 vgl. Bentley, S. 145/146

26 vgl. Berst, S. 18

27 vgl. Shaw: *Androcles and the Lion, Overruled, Pygmalion*. Constable, London 1931, S. 191

28 Lerner/Loewe: *My Fair Lady*. S. 63

29 ebd., S. 128

Ihre Meinung ist uns wichtig!

Ihre Anregungen sind uns immer willkommen. Bitte informieren Sie uns mit diesem Schein über Ihre Verbesserungsvorschläge!

Titel-Nr.	Seite	Vorschlag

Bitte hier abtrennen

Die echten Hilfen zum Lernen ... **STARK**

Bitte hier abtrennen

Zutreffendes bitte ankreuzen! Die Absenderin/der Absender ist:

- ☐ Lehrer/in in den Klassenstufen: ____
- ☐ Fachbetreuer/in
  Fächer: ____
- ☐ Seminarlehrer/in
  Fächer: ____
- ☐ Regierungsfachberater/in
  Fächer: ____
- ☐ Oberstufenbetreuer/in
- ☐ Schulleiter/in
- ☐ Referendar/in, Termin 2. Staatsexamen: ____
- ☐ Leiter/in Lehrerbibliothek
- ☐ Leiter/in Schülerbibliothek
- ☐ Sekretariat
- ☐ Eltern
- ☐ Schüler/in, Klasse: ____
- ☐ Sonstiges: ____

STARK Verlag
Postfach 1852
85318 Freising

14-V1P
Bitte ausfüllen und im frankierten Umschlag an uns einsenden. Für Fensterkuverts geeignet.

Kennen Sie Ihre Kundennummer? Bitte hier eintragen.

Absender (Bitte in Druckbuchstaben!)

Name/Vorname

Straße/Nr.

PLZ/Ort

Telefon privat

Geburtsjahr

E-Mail

Schule/Schulstempel (Bitte immer angeben!)

Unterrichtsfächer: (Bei Lehrkräften!)

STARK Interpretationshilfen und Trainingsbände

für die Oberstufe

Deutsch Interpretationen

Deutsch – Interpretationshilfen 1
Aus dem Inhalt: Goethe: *Faust, Iphigenie;* Schiller: *Maria Stuart, Wallenstein, Don Carlos;* Tieck: *Der blonde Eckbert;* E.T.A. Hoffmann: *Der goldne Topf;* Kleist: *Michael Kohlhaas, Prinz Friedrich von Homburg;* Eichendorff: *Aus dem Leben eines Taugenichts;* Büchner: *Woyzeck, Lenz;* Mörike: *Mozart auf der Reise nach Prag;* Fontane: *Effi Briest, Frau Jenny Treibel;* Hebbel: *Maria Magdalena;* Hauptmann: *Rose Bernd, Bahnwärter Thiel*
■ .... Best.-Nr. 94407

Deutsch – Vom Expressionismus bis zur Literatur der DDR
Aus dem Inhalt: Trakl: *Grodek;* Benn: *Mann und Frau gehen durch die Krebsbaracke;* Döblin: *Berlin Alexanderplatz;* Kästner: *Sachliche Romanze;* Rilke: *Der Panther;* Brecht: *Der gute Mensch von Sezuan;* Horváth: *Geschichten aus dem Wiener Wald;* Kafka: *Der Prozeß, Die Verwandlung;* H. Mann: *Der Untertan;* Musil: *Die Verwirrung des Zöglings Törleß;* Seghers: *Das siebte Kreuz;* Enzensberger: *Fremder Garten;* Bachmann: *Reklame;* Böll: *Die verlorene Ehre der Katharina Blum;* Dürrenmatt: *Die Physiker;* Frisch: *Homo faber;* Grass: *Die Blechtrommel;* Walser: *Ein fliehendes Pferd;* Weiss: *Verfolgung und Ermordung Jean Paul Marats;* Brecht: *Böser Morgen;* Biermann: *Und als wir ans Ufer kamen;* Wolf: *Kassandra*
■ .... Best.-Nr. 94408

Interpretationshilfen zu Einzellektüren:

Brecht: *Der aufhaltsame Aufstieg des Arturo Ui* .... Best.-Nr. 2400281
Brecht: *Der kaukasische Kreidekreis* Best.-Nr. 2400171
Brecht: *Leben des Galilei* .... Best.-Nr. 2400011
Brussig: *Am kürzeren Ende der Sonnenallee* .... Best.-Nr. 2400201
Büchner: *Dantons Tod* .... Best.-Nr. 2400121
Büchner: *Woyzeck* .... Best.-Nr. 2400041
Büchner: *Leonce und Lena* .... Best.-Nr. 2400261
Camus: *L'Etranger/Der Fremde* .... Best.-Nr. 2550041
Eichendorff: *Aus dem Leben eines Taugenichts* ...... Best.-Nr. 2400071
Eichendorff: *Das Marmorbild* .... Best.-Nr. 2400081
Fontane: *Effi Briest* .... Best.-Nr. 2400371
Frisch: *Homo faber* .... Best.-Nr. 2400031
Goethe: *Faust I* .... Best.-Nr. 2400511
Goethe: *Gedichte (1771–1783)* .... Best.-Nr. 2400181
Goethe: *Die Leiden des jungen Werther* .... Best.-Nr. 2400051
Hein: *Der fremde Freund/Drachenblut* ...... Best.-Nr. 2400061
Kafka: *Die Verwandlung/Das Urteil* .. Best.-Nr. 2400141
Keller: *Romeo und Julia auf dem Dorfe* .... Best.-Nr. 2400321
Kerner: *Blueprint. Blaupause* .... Best.-Nr. 2400391
Lessing: *Emilia Galotti* .... Best.-Nr. 2400191
Lessing: *Nathan der Weise* .... Best.-Nr. 2400501
Th. Mann: *Der Tod in Venedig* .... Best.-Nr. 2400291
Th. Mann: *Tonio Kröger/ Mario und der Zauberer* .... Best.-Nr. 2400151
Nooteboom: *Die folgende Geschichte* Best.-Nr. 2400251
Sartre: *Huis clos/ Geschlossene Gesellschaft* .... Best.-Nr. 2550051
Schiller: *Don Carlos* .... Best.-Nr. 2400161
Schiller: *Kabale und Liebe* .... Best.-Nr. 2400231
Schiller: *Maria Stuart* .... Best.-Nr. 2400271
Schlink: *Der Vorleser* .... Best.-Nr. 2400101
Schneider: *Schlafes Bruder* .... Best.-Nr. 2400021
Sophokles: *Antigone* .... Best.-Nr. 2400221
Storm: *Der Schimmelreiter* .... Best.-Nr. 2400381
Strittmatter: *Raabe Baikal* .... Best.-Nr. 2400241
Süskind: *Das Parfum* .... Best.-Nr. 2400091
Timm: *Die Entdeckung der Currywurst* .... Best.-Nr. 2400301
Vanderbeke: *Das Muschelessen* .... Best.-Nr. 2400331

Deutsch Training

Training Methoden Deutsch .... Best.-Nr. 944062
Deutsch 11. Klasse .... Best.-Nr. 90405
Aufsatz Oberstufe .... Best.-Nr. 84401
Abitur-Wissen Erörtern und Sachtexte analysieren .... Best.-Nr. 944064
Abitur-Wissen Textinterpretation Lyrik, Drama, Epik .. Best.-Nr. 944061
Abitur-Wissen Deutsche Literaturgeschichte .... Best.-Nr. 94405
Abitur-Wissen Prüfungswissen Oberstufe .... Best.-Nr. 94400
Kompakt-Wissen Rechtschreibung ...... Best.-Nr. 944065
Lexikon Autoren und Werke .... Best.-Nr. 944081

Latein Training

Abitur-Wissen Lateinische Literaturgeschichte .... Best.-Nr. 94602
Kurzgrammatik .... Best.-Nr. 94601
Wortkunde .... Best.-Nr. 94603
Kompakt-Wissen Kurzgrammatik .... Best.-Nr. 906011

(Bitte blättern Sie um)

Englisch Interpretationen

Interpretationshilfen zu Einzellektüren:

Albee:
Who's afraid of Virginia Woolf? .... Best.-Nr. 2500101
Auster: *Moon Palace* .... Best.-Nr. 2500031
Bradbury: *Fahrenheit 451* .... Best.-Nr. 2500141
Golding: *Lord of the Flies* .... Best.-Nr. 2500051
Lessing: *The Fifth Child* .... Best.-Nr. 2500071
Lodge: *Changing Places* .... Best.-Nr. 2500091
Priestley: *An Inspector Calls* .... Best.-Nr. 2500081
Russell: *Educating Rita* .... Best.-Nr. 2500061
Salinger: *Catcher in the Rye* .... Best.-Nr. 2500111
Shakespeare: *Macbeth* .... Best.-Nr. 2500011
Shakespeare: *Romeo and Juliet* .... Best.-Nr. 2500041
Shaw: *Pygmalion* .... Best.-Nr. 2500121
Twain: *Huckleberry Finn* .... Best.-Nr. 2500021

Englisch Training

Textaufgaben
Literarische Texte und Sachtexte .... Best.-Nr. 94468
Übersetzungsübung .... Best.-Nr. 82454
Grammatikübung Oberstufe .... Best.-Nr. 82452
Wortschatzübung Oberstufe .... Best.-Nr. 82451
Grundfertigkeiten des Schreibens .... Best.-Nr. 94466
Sprechfertigkeit mit CD .... Best.-Nr. 94467
Grundlagen der Textarbeit .... Best.-Nr. 94464
Abitur-Wissen Literaturgeschichte .... Best.-Nr. 94465
Abitur-Wissen
Landeskunde Großbritannien .... Best.-Nr. 94461
Abitur-Wissen Landeskunde USA .... Best.-Nr. 94463
Kompakt-Wissen Kurzgrammatik .... Best.-Nr. 90461
Kompakt-Wissen Abitur
Themenwortschatz .... Best.-Nr. 90462

Fachübergreifend

Richtig Lernen – Tipps und
Lernstrategien für die Oberstufe .... Best.-Nr. 10483
Referate und Facharbeiten
für die Oberstufe .... Best.-Nr. 10484
Training Methoden – Meinungen äußern,
Ergebnisse präsentieren .... Best.-Nr. 10486

Französisch Interpretationen

Französisch – Interpretationshilfen 1 Lyrik
22 Musterinterpretationen u.a. von: Ronsard, Corneille, La Fontaine, Voltaire, Hugo, Baudelaire, Verlaine, Rimbaud, Mallarmé, Valéry, Apollinaire, Aragon, Eluard
■ .... Best.-Nr. 94507

Französisch – Interpretationshilfen 2 Prosa
Montesquieu: *Lettres persanes*; Voltaire: *Candide;* Rousseau: *Discours sur l'inégalité;* Stendhal: *Le Rouge et le Noir;* Balzac: *Le Père Goriot;* Hugo: *Les Misérables;* Flaubert: *Madame Bovary;* Zola: *Germinal;* Duras: *Hiroshima mon amour;* Verne: *Le Tour du monde en 80 jours;* Saint-Exupéry: *Vol de nuit;* Pagnol, *Le château de ma mère;* Camus: *L'etranger* etc.
■ .... Best.-Nr. 94508

Französisch – Interpretationshilfen 3 Drama
Corneille: *Le Cid;* Molière: *Le Malade imaginaire;* Racine: *Phèdre;* Beaumarchais: *Le Barbier de Séville;* Courteline: *Boubourouche;* Claudel: *Partage de Midi;* Romains: *Knock;* Pagnol: *Topaze;* Cocteau: *La Machine infernale;* Giraudoux: *La guerre de Troie n'aura pas lieu;* Anouilh: *Antigone;* Montherlant: *La Reine morte;* Sartre: *Les mains sales;* Beckett: *En attendant Godot;* Tardieu: *Théâtre de chambre;* Ionesco: *Rhinocéros*
■ .... Best.-Nr. 94509

Interpretationshilfen zu Einzellektüren:
Camus: *L'Etranger/Der Fremde* .... Best.-Nr. 2550041
Sartre: *Huis clos/*
Geschlossene Gesellschaft .... Best.-Nr. 2550051

Französisch Training

Landeskunde Frankreich .... Best.-Nr. 94501
Wortschatz .... Best.-Nr. 94503
Literatur .... Best.-Nr. 94502
Textarbeit Oberstufe .... Best.-Nr. 94504
Abitur-Wissen Literaturgeschichte .... Best.-Nr. 94506
Kompakt-Wissen Abitur
Themenwortschatz .... Best.-Nr. 945010

Natürlich führen wir noch mehr Titel für alle Schularten. Wir informieren Sie gerne!

Telefon: 08161/179-0 **Internet: www.stark-verlag.de**

Telefax: 08161/179-51 **E-Mail: info@stark-verlag.de**

Bestellungen bitte direkt an:
STARK Verlagsgesellschaft mbH & Co. KG
Postfach 1852 · 85318 Freising

STARK

14-V1P